वैदिक अंकगणित

लेखकों की अन्य रचनाएँ

वैदिक बीजगणित

खेल-खेल में गणित

गणित के रोचक खेल

वैदिक अंकगणित

वीरेंद्र कुमार
शैलेंद्र भूषण

ग्रंथ अकादमी नई दिल्ली

प्रकाशक : **ग्रंथ अकादमी**

भवन संख्या–19, पहली मंजिल, 2, अंसारी रोड, दरियागंज, नई दिल्ली–110002

 / संस्करण : 2026 / मूल्य : पाँच सौ रुपए

मुद्रक : नरुला प्रिंटर्स, दिल्ली ISBN 978-93-83110-37-7

VEDIC ANKGANIT

by Prof. S. Bhushan & Shri Virendra Kumar ₹ 500.00

Published by **GRANTH AKADEMI**

Building No. 19, First Floor, 2, Ansari Road, Daryaganj, New Delhi-110002

प्रस्तावना

अंकगणित गणित का आदि स्वरूप है। अंकगणित का मूल आधार संख्याएँ तथा उनका योग, व्यवकलन, गुणन, विभाजन आदि प्रमुख संक्रियाएँ हैं। इसके अतिरिक्त संख्याओं के गुणनखंड, मूल तथा घात निकालने की भी आवश्यकता पड़ती है। दो संख्याओं का मध्यानुपाती ज्ञात करने, ज्ञात क्षेत्रफल के वर्गाकार क्षेत्र की भुजा ज्ञात करने, दिए क्षेत्रफल के वृत्त की त्रिज्या ज्ञात करने, मानक विचलन निकालने, दो बिंदुओं के बीच की दूरी ज्ञात करने, दिए पृष्ठ के गोले की त्रिज्या ज्ञात करने आदि अनेक प्रकार के प्रश्नों में वर्गमूल निकालने की आवश्यकता होती है। दिए आयतन के घन की भुजा ज्ञात करने, दिए आयतन के गोले की त्रिज्या ज्ञात करने एवं अन्य प्रकार के कुछ प्रश्नों के हल करने में घनमूल निकालने की आवश्यकता होती है। क्षेत्रफल और आयतन के प्रश्नों में, बोधायन-पाइथागोरस प्रमेय के अनुप्रयोग में, दो बिंदुओं के बीच की दूरी की गणना करने में, चक्रवृद्धि ब्याज के प्रश्न हल करने में एवं कुछ अन्य प्रकार के प्रश्नों को हल करने में संख्याओं के वर्गफल अथवा घनफल निकालने की आवश्यकता होती है। कभी-कभी परिमेय संख्याओं को दशमलव संख्याओं के रूप में निरूपित करने की भी आवश्यकता पड़ जाती है और कभी-कभी आवर्त दाशमिक संख्याओं को भिन्न के रूप में निरूपित करने की आवश्यकता पड़ती है। इन सब क्रियाओं को करने के लिए समय-समय पर गणितज्ञों ने अनेक विधियाँ खोजीं। 'गणित सार संग्रह' में 'महावीर' ने गुणन की पाँच विधियों के बारे में जानकारी दी है। परंपरागत प्रचलित सभी विधियाँ लंबी तथा श्रम-साध्य हैं। हमारे देश के विद्वानों ने ऐसी अनेक विधियाँ खोजी हैं, जो गणनाओं को अति अल्प समय में करने में सहायक होती हैं तथा मौखिक रूप से गणनाएँ सरलता से की जा सकती हैं। जगद्‌गुरु स्वामी श्री भारतीकृष्णतीर्थजी महाराज

ने अपनी आठ वर्ष की कठिन तपस्या के उपरात इन विधियों की पुनः खोज की। स्वामीजी की मृत्यु के उपरांत यह खोज कार्य 'वैदिक गणित' के नाम से ग्रंथ-रूप में प्रकाशित हुआ। वास्तव में यह ग्रंथ वैदिक गणित की भूमिका मात्र है। स्वामीजी की खोज का मूल विवरण तो उनके जीवनकाल में ही नष्ट हो चुका था तथा उसे पुनः लिपिबद्ध करने से पूर्व ही स्वामीजी परलोकवासी हो गए।

स्वामीजी के कार्य पर विभिन्न देशों में शोधकार्य चल रहे हैं। उत्तर प्रदेश में भारतीय जनता पार्टी के शासन काल में 'वैदिक गणित' को हाई स्कूल गणित के पाठ्यक्रम में सम्मिलित किया गया था; परंतु सरकार के पतन के बाद नई सरकार द्वारा इस ओर ध्यान न देने के कारण यह अमूल्य विद्या विद्यार्थियों तक नहीं पहुँच पाई। विद्यार्थी इसके महत्त्व से अपरिचित ही रह गए। इस पुस्तक का उद्‌देश्य 'वैदिक गणित' के ज्ञान को व्यावहारिक बनाना है, जिससे जन-जन के बीच इसकी पैठ हो सके। अंकगणित के अतिरिक्त गणित के अन्य क्षेत्रों में 'वैदिक गणित' की उपयोगिता को इस पुस्तक में स्पर्श नहीं किया गया है। इस पुस्तक में मात्र अंकगणित के क्षेत्र में 'वैदिक गणित' की उपयोगिता पर प्रकाश डाला गया है। वैदिक विधियाँ अत्यंत सरल हैं, जो गणनाओं के करने में छात्रों के समय तथा श्रम की बचत करती हैं, साथ ही छात्रों में राष्ट्रीय स्वाभिमान और गौरव की भावना उत्पन्न करती हैं। इस पुस्तक में इन विधियों का वर्णन किया गया है, जिसका लाभ प्राथमिक से लेकर उच्च कक्षाओं तक के सभी छात्र उठा सकते हैं। व्यावहारिक जीवन में तो ये विधियाँ अति उपयोगी हैं ही, साथ ही ये शोध के नए आयाम भी खोलती हैं।

—लेखकद्वय

विषय-सूची

अध्याय 1

सूत्राध्याय

'वैदिक गणित तथा वेदों के सोलह सरल गणितीय सूत्र' नामक ग्रंथ की रचना गोवर्धन मठ, पुरी के जगद्गुरु शंकराचार्य श्री भारतीकृष्णतीर्थजी महाराज ने की है। वेद ज्ञान के अपरिमित भंडार हैं तथा देश और काल की सीमा के बंधन से परे हैं। वैदिक ज्ञान की अनेक गुत्थियों को समझ न पाने के कारण लोग वेदों का उपहास उड़ाते रहे हैं। आठ वर्षों की गहन एकांत साधना, चिंतन एवं मनन के पश्चात् स्वामीजी ने दीर्घकाल से लुप्त ज्ञान की उस कुंजी को खोज निकाला, जिसके द्वारा वैदिक गुत्थियों को सुलझाया जा सकता है। स्वामीजी के शब्दों में—'हम लोगों को स्वयं भी यह खोजकर कि गणित के अत्यंत कठिन प्रश्नों को अथर्ववेद के परिशिष्ट में निहित अति सरल वैदिक सूत्रों द्वारा सरलतापूर्वक तथा सहज ही कुछ सरल पैड़ियों में मात्र मौखिक विधि द्वारा हल कर सकते हैं, आश्चर्य हुआ तथा विपुल हर्ष भी।' स्वामीजी के कथन के अनुसार वे सूत्र, जिनपर 'वैदिक गणित' नामक उनकी कृति आधारित है, अथर्ववेद के परिशिष्ट में आते हैं; परंतु कुछ विद्वानों का कथन है कि ये सूत्र अभी तक के ज्ञात अथर्व वेद के किसी परिशिष्ट में नहीं मिलते। हो सकता है कि स्वामीजी ने ये सूत्र जिस परिशिष्ट में देखे हों वह दुर्लभ हो तथा केवल स्वामीजी के ही संज्ञान में हो। वस्तुतः आज की स्थिति में स्वामीजी की 'वैदिक गणित' नामक कृति स्वयं में एक नवीन वैदिक परिशिष्ट बन गई है।

स्वामी भारतीकृष्णतीर्थ आप्त पुरुषों की श्रेणी के महापुरुष थे। महर्षि दयानंद सरस्वती के अनुसार—"जो आप्त अर्थात् पूर्ण विद्वान्, धर्मात्मा,

परोपकारप्रिय, सत्यवादी, पुरुषार्थी, जितेंद्रिय पुरुष जैसा अपने आत्मा में जानता हो और जिससे सुख पाया हो उसी के कथन की इच्छा से प्रेरित सब मनुष्यों के कल्याणार्थ उपदेष्टा हो अर्थात् जितने पृथ्वी से लेकर परमेश्वरपर्यंत पदार्थों का ज्ञान प्राप्त होकर उपदेष्टा होता है। जो ऐसे पुरुष और पूर्ण आप्त परमेश्वर के उपदेश वेद हैं, उन्हीं को शब्द प्रमाण जानो।''

स्वामी भारतीकृष्णतीर्थ ने अपनी आत्मा में जैसा जाना, लोकोपकार की दृष्टि से वैसा उपदेश किया।

ज्योतिष और गणित विषय वेद विरुद्ध नहीं हैं। अथर्ववेद, जो शिल्प विद्या के भंडार के रूप में विख्यात है, उसमें पदार्थ गुण विज्ञान कौशल, नानाविध पदार्थों का निर्माण, पृथ्वी से लेकर आकाशपर्यंत की विद्याओं का वर्णन है। महर्षि दयानंद विद्यार्थियों को उसके अध्ययन करने के बाद दो वर्ष तक ज्योतिष शास्त्र, सूर्य सिद्धांत आदि जिनमें कि बीजगणित, अंक, भूगोल, खगोल और भूगर्भ विद्या है, को सीखने का अनुदेश देते हैं। यदि गणितीय ज्ञान वेदसम्मत न होता तो महर्षि दयानंद ऐसा आदेश भला क्यों करते? स्वामी भारतीकृष्णतीर्थ द्वारा रचित 'वैदिक गणित' पूर्णत: वैदिक सूत्रों के प्रकाश में रचित ग्रंथ है। डॉ. वासुदेव शरण अग्रवाल का यह कथन कि ''वैदिक गणितीय सूत्र अथर्व वेद में नहीं हैं,'' उचित नहीं कहा जा सकता। स्वामीजी जैसे महापुरुष असत्य भाषण नहीं कर सकते। 'वैदिक गणित' के कुछ सूत्र जैसे 'व्यष्टि समष्टि:', 'शिष्यते शेष संज्ञ:' आदि को देखने हेतु तो वेदों की जिल्द पलटने की भी आवश्यकता नहीं। 'वेदांतसार' के सृष्टि प्रकरण में 'व्यष्टि समष्टि:' सूत्र के दर्शन हो जाते हैं, 'समष्टि व्यष्टि रूपाज्ञान भेद द्वयी'। 'शिष्यते शेष संज्ञ:' के दर्शन महर्षि दयानंद सरस्वती के 'सत्यार्थप्रकाश' में ही हो जाते हैं। (शिष्लृ विशेषणे) इस धातु से 'शेष' शब्द सिद्ध होता है। 'य: शिष्यते स शेष:' अर्थात् 'शिष्यते शेष संज्ञ:', जो उत्पत्ति तथा प्रलय से शेष अर्थात् बच रहता है, इसलिए उस परमात्मा का नाम शेष है। इस प्रकार हम देखते हैं कि स्वामीजी के शब्दों पर अविश्वास करना प्रमादपूर्ण है। 'वैदिक गणित' में वर्णित सभी सूत्र वेदों के प्रकाश से ही प्रकाशित हैं।

वैदिक गणितीय सूत्रों की विशेषताएँ—

(i) ये सूत्र सहज में ही समझ में आ जाते हैं। उनका अनुप्रयोग सरल है तथा सहज ही याद हो जाते हैं। सारी प्रक्रिया मौखिक हो जाती है।

(ii) ये सूत्र गणित की सभी शाखाओं के सभी अध्यायों में सभी विभागों

पर लागू होते हैं। शुद्ध अथवा प्रयुक्त गणित में ऐसा कोई भाग नहीं जिसमें उनका प्रयोग न हो। अंकगणित, बीजगणित, रेखागणित, समतल तथा गोलीय त्रिकोणमिति, समतल तथा घन ज्यामिति (वैश्लेषिक), ज्योतिर्विज्ञान, समाकल तथा अवकल कलन आदि सभी क्षेत्रों में वैदिक सूत्रों का अनुप्रयोग समान रूप से किया जा सकता है। वास्तव में स्वामीजी ने इन विषयों पर सोलह कृतियों की एक शृंखला का सृजन किया था, जिनमें वैदिक सूत्रों की विस्तृत व्याख्या थी। दुर्भाग्य से ये सोलह कृतियाँ प्रकाशित होने से पूर्व ही काल-कवलित हो गईं तथा स्वामीजी भी ब्रह्मलीन हो गए।

(iii) कई पैड़ियों की प्रक्रियावाले जटिल गणितीय प्रश्नों को हल करने में प्रचलित विधियों की तुलना में वैदिक विधियाँ काफी कम समय लेती हैं।

(iv) छोटी उम्र के बच्चे भी सूत्रों की सहायता से प्रश्नों को मौखिक हल कर उत्तर बता सकते हैं।

(v) वैदिक गणित का संपूर्ण पाठ्यक्रम प्रचलित गणितीय पाठ्यक्रम की तुलना में काफी कम समय में पूर्ण किया जा सकता है।

वास्तव में 'वैदिक गणित' समझ में न आने तक एक जादू के समान प्रतीत होता है। स्वामीजी के एकमात्र उपलब्ध गणितीय ग्रंथ 'वैदिक गणित या वेदों के सोलह सरल गणितीय सूत्र' के बिखरे हुए संदर्भों से छाँटकर डॉ. वासुदेव शरण अग्रवाल ने सूत्रों तथा उपसूत्रों की सूची ग्रंथ के आरंभ में इस प्रकार दी है—

सूत्र :

1. एकाधिकेन पूर्वेण
2. निखिलं नवतश्चरमं दशतः
3. ऊर्ध्वतिर्यग्भ्याम्
4. परावर्त्य योजयेत्
5. शून्यं साम्यसमुच्चये
6. (आनुरूप्ये) शून्यमन्यत्
7. संकलनव्यवकलनाभ्याम्
8. पूरणापूरणाभ्याम्
9. चलनकलनाभ्याम्
10. यावदूनम्
11. व्यष्टिसमष्टिः
12. शेषाण्यङ्केन चरमेण
13. सोपान्त्यद्वयमन्त्यम्
14. एकन्यूनेन पूर्वेण
15. गुणितसमुच्चयः
16. गुणकसमुच्चयः

उपसूत्र/ उपप्रमेय :

आनुरूप्येण, शिष्यते शेषसंज्ञः, आद्यमाद्येनान्त्यमन्त्येन, केवलैः सप्तकं गुण्यात्, वेष्टनम्, यावदूनं तावदूनम्, यावदूनं तावदूनीकृत्य वर्गं च योजयेत्, अन्त्ययोर्दशकेऽपि, अन्त्ययोरेव, समुच्चयगुणितः, लोपनस्थापनाभ्याम्, विलोकनम् एवं गुणितसमुच्चयः समुच्चयगुणितः।

इसके अतिरिक्त 'वैदिक गणित' में कुछ अन्य सूत्र एवं उपसूत्रों के दर्शन होते हैं, जिनका उल्लेख संपादक डॉ. वासुदेव शरण अग्रवाल ने उपर्युक्त सूची में नहीं किया है। यथा—आद्यमाद्येन, अन्त्यमन्त्येन, चलन कलन वर्गो विवेचकः, कलौ छुद्र ससैः, कंसे क्षामदाह खलैर्मलैः इत्यादि।

डॉ. नरेंद्र पुरी ने अपने वैदिक साहित्य में डॉ. अग्रवाल द्वारा सूचीबद्ध 16 सूत्र तथा 13 उपसूत्रों को ग्रहण करते हुए तीन अन्य उपसूत्रों (द्वंद्व योग, शुद्धः तथा ध्वजांक) को भी सम्मिलित किया है। 'वैदिक गणित' में द्वंद्वयोग तथा ध्वजांक के दर्शन तो होते हैं, परंतु 'शुद्धः' उपसूत्र के नहीं। ज्ञात नहीं इस उपसूत्र को उन्होंने कहाँ से लिया है। उत्तर प्रदेश माध्यमिक शिक्षा परिषद् की हाई स्कूल की गणित—1, 2 की पाठ्य पुस्तकों के प्रथम खंड में भी इस उपसूत्र का उल्लेख है।

डॉ. ब्रजमोहन ने 'गणित का इतिहास' नामक ग्रंथ के प्राक्कथन में 'चलित कलित वर्गो विवेचकः' नामक उपसूत्र का उल्लेख किया है, जिसका आधार स्वामी भारतीकृष्ण तीर्थ के व्याख्यान तथा व्यक्तिगत वार्त्ता को बनाया है। वास्तव में इस उपसूत्र की चर्चा स्वामीजी के ग्रंथ 'वैदिक गणित' के पृष्ठ 143 पर की गई है।

डॉ. अग्रवाल द्वारा निर्मित वैदिक गणितीय सूत्रों एवं उपसूत्रों की सूची अपूर्ण एवं दोषपूर्ण है। 'वैदिक गणित' के गहन अध्ययन से ज्ञात होता है कि सूत्रों की संख्या बहुत कम तथा उपसूत्रों की संख्या अधिक है। डॉ. अग्रवाल की सूची में वर्णित अनेक सूत्र 'वैदिक गणित' में उपसूत्र वर्णित हैं। 'वैदिक गणित' के कुछ परस्पर विरोधी कथनों के कारण सूत्र एवं उपसूत्रों के विभाजन को दी हुई सूची के अनुसार स्वीकार नहीं किया जा सकता। हम इनकी एकीकृत सूची तथा व्याख्या नीचे दे रहे हैं।

1. निखिलं नवतश्चरमं दशतः

अर्थ—सबको 9 से तथा अंतिम को 10 से। यह सूत्र किसी भी संख्या का 10 या इसकी घातीय संख्या का पूरक निकालने के लिए प्रयुक्त होता है।

यथा : 319 का 1000 का पूरक निकालना है तो
3 को 9 से घटाने पर 6
1 को 9 से घटाने पर 8
एवं चरमांक 9 को 10 से घटाने पर 1
अतः 319 का 1000 का पूरक 681 होगा।

2. ऊर्ध्वतिर्यग्भ्याम्

अर्थ—खड़े एवं तिरछे से।

इसके अनेक उपयोग हैं। एक सरल उदाहरण इसकी कार्य विधि स्पष्ट कर देगा।

माना 23 को 12 से गुणा करना है।

सर्वप्रथम हम गुण्य के सबसे बाएँ अंक अर्थात् 2 से, गुणक के सबसे बाएँ अंक अर्थात् 1 का खड़ा गुणा करेंगे और उनके गुणनफल से हमें उत्तर की सबसे बाईं संख्या 2 मिल जाएगी।

अब हम 1 और 3, 2 और 2 का तिरछा गुणन कर इन दोनों गुणन फलों का योग करते हैं, इससे उत्तर की मध्य संख्या मिल जाती है।

अंत में 3 और 2 का खड़ा गुणा करेंगे और उसके गुणनफल से उत्तर की सबसे दाहिनी संख्या मिल जाती है।

23	सैकड़े का अंक	2 ↓ 1	अर्थात् 2 × 1 = 2
× 12	दहाई का अंक	2 3 ╳ 1 2	अर्थात् 2 × 2 + 3 × 1 = 7
2 / 7 / 6	इकाई का अंक	3 ↓ 2	अर्थात् 3 × 2 = 6

3. परावर्त्य योजयेत्—

अर्थ—विलोम का प्रयोग करें।

पक्षांतरण के ज्ञात नियम के अनुसार प्रत्येक पक्षांतरण में चिह्न का परिवर्तन होता है। इस प्रकार + चिह्न का − चिह्न हो जाता है तथा − चिह्न का + चिह्न हो जाता है, × का ÷ तथा ÷ का × हो जाता है।

यथा : $य^3 - 4य^2 + 3य + 2$ को य + 3 से भाग दिया जाता है तब शेषफल बहुपद में य = −3 रखने पर प्राप्त हो जाता है। इस स्थिति में शेषफल

$$= (-3)^3 - 4(3)^2 + 3(-3) + 2$$
$$= -70$$

4. (आनुरूप्ये) शून्यमन्यत्

अर्थ—अनुरूप होने पर दूसरा शून्य होता है।

यथा : युगपत् समीकरण

$$2य + 7र = 7$$

तथा

$$5य + 14र = 14$$

के प्रकरण में र के पदों की गुणन संख्याओं का अनुपात वही है, जो निरपेक्ष पदों का।

अत: य = 0

5. सोपान्त्यद्वयमन्त्यम्

अर्थ—अंतिम के साथ उपांतिम के दुगुने को जोड़कर।

एक विशिष्ट प्रकार के सरल बीजगणितीय समीकरण के सरलीकरण के प्रकरण में जिसमें हर समांतर श्रेणी में होते हैं, इसका अनुप्रयोग होगा।

प, फ, ब एवं भ समांतर श्रेणी में हैं तो समीकरण

$$\frac{1}{प\,फ} + \frac{1}{प\,ब} = \frac{1}{प\,भ} + \frac{1}{फ\,ब}$$

की हल इस सूत्र से 2ब + भ = 0 से प्राप्त होगा।

यथा समीकरण $$\frac{1}{(य+1)(य+2)} + \frac{1}{(य+1)(य+3)}$$

$$= \frac{1}{(य+1)(य+4)} + \frac{1}{(य+2)(य+3)}$$

को हल सूत्र 'सोपान्त्यद्वयमन्त्यम्' से

$$(य + 4) + 2(य + 3) = 0$$

अर्थात् $$य = -\frac{10}{3}$$

6. अन्त्ययोरेव

अर्थ—अंतिम पद से ही।

एक विशिष्ट प्रकार का समीकरण, जिसके वाम पक्ष में अंतिम पदों (स्वतंत्र पदों) को छोड़कर अंश और हर का अनुपात वही होता है, जो दाहिने पक्ष के पूरे अंश और हर का होता है। इसे 'अन्त्ययोरेव' सूत्र द्वारा अर्थात् अंतिम पदों के अनुपात द्वारा तुरंत ही हल किया जा सकता है। यथा :

समीकरण $\dfrac{\text{य}^2 + \text{य} + 1}{\text{य}^2 + 2\text{य} + 2} = \dfrac{\text{य} + 1}{\text{य} + 2}$ के प्रकरण में

यहाँ वाम पक्ष के स्वतंत्र पदों को छोड़कर अंश और हर का अनुपात

$$\frac{\text{य}^2 + \text{य}}{\text{य}^2 + 2\text{य}} = \frac{\text{य} + 1}{\text{य} + 2}$$

= दक्षिण पक्ष

सूत्र 'अन्त्ययोरेव' से $\dfrac{\text{य} + 1}{\text{य} + 2} - \dfrac{1}{2}$

पुनः सूत्र '(आनुरूप्ये) शून्यमन्यत्' से य = 0

7. शेषाण्यङ्केन चरमेण

अर्थ—अवशेष को चरम से।

साधारण भिन्नों को उनके तुल्य दशमलव में बदलते समय क्रमागत पैड़ियों के अवशेष तथा भजनफल के संबंध में यह सिद्धांत है कि यदि हम किसी भी अवशेष को लें और उससे चरमांक (अंतिम अंक) का गुणा करें तब गुणनफल का अंतिम अंक उस पैड़ी का भजनफल अंक होता है।

यहाँ प्रयुक्त होनेवाला सूत्र है 'शेषाण्यङ्केन चरमेण' 1/13 के प्रकरण में 10, 9, 12, 3, 4 तथा 1 क्रमागत अवशेष हैं। 3 (चरमांक) से लगातार गुणा करने पर हमें 30, 27, 36, 9, 12 तथा 3 गुणनफल मिलते हैं।

अतः भजन फल अंक क्रमशः 0, 7, 6, 9, 2 तथा 3

अतः $\dfrac{1}{13} = .\dot{0}7692\dot{3}$

```
13 )  1      (.076923
     -0
     ---
      10
     -00
     ---
      100
      -91
      ---
        90
       -78
       ---
       120
      -117
      ----
         30
        -26
        ---
         40
        -39
        ---
          1
```

8. चलन कलनाभ्याम्

अर्थ—चलन कलन से।

वैदिक गणित में चलन कलन का प्रयोग प्रारंभिक अवस्था में ही शुरू हो जाता है। गुणनखंडन, द्विघात समीकरणों के हल आदि सूत्र 'चलन कलनाभ्याम्' से सरलतापूर्वक हल किए जा सकते हैं। इस सूत्र के दो उपसूत्र हैं—

(i) चलित कलित वर्गो विवेचकः

अर्थ—(द्विघात समीकरण का हल) द्विघात बहुपद की प्रथम अवकल गुणन संख्या के वर्ग को विविक्त करके समान रखने पर प्राप्त होता है।

यथा : समीकरण $प\ य^2 + फ\ य + ब = 0$

का हल $(2प\ य + फ)^2 = फ^2 - 4\ प\ ब$

अर्थात् $2\ प\ य + फ = \pm\sqrt{फ^2 - 4\ प\ ब}$

से प्राप्त होता है।

(ii) गुणक समुच्चयः

अर्थ—गुणकों का समुच्चय।

यदि द्विघात व्यंजक $य^2 + फ य + ब$ दो द्विपदों य + क तथा य + ख का गुणनफल है, तब इसकी प्रथम अवकलन गुणन संख्या दोनों गुणनखंडों का योग होती है।

$य^2 + 5य + 4 = (य + 4)(य + 1)$

अतः $(2य + 5) = (य + 4) + (य + 1)$

गुणन के अवकल का परिचित सूत्र, र का य के सापेक्ष प्रथम अवकलन = च × (छ का प्रथम अवकलन) + (च का प्रथम अवकलन) × छ जबकि र, च तथा छ तीनों य के फलन हैं तथा र = च छ तथा उपसूत्र 'गुणक समुच्चय' एक ही सत्य को अभिव्यक्त करते हैं।

9. यावदूनं तावदूनीकृत्य वर्गं च योजयेत्

अर्थ—संख्या की आधार से जितनी भी न्यूनता हो उसमें उतनी न्यूनता और करें और उसी न्यूनता का वर्ग भी रखें।

यह उपप्रमेय स्पष्ट रूप से संख्या के वर्ग से संबंध रखता है। यह 'निखिलम्' सूत्र से स्वाभाविक रूप से निकलनेवाला सहज परिणाम है।

उदाहरण $98^2 = (98-2)/\ 2^2$ आधार 100

$= 96/04$ न्यूनता $100-98 = 2$

$= 9604$

10. एकाधिकेन पूर्वेण

अर्थ—पहलेवाले से एक अधिक के द्वारा।

इस उपसूत्र के अनेक प्रयोग हैं।

पंचातक संख्याओं के वर्ग में इसका प्रयोग देखते हैं

$35^2 = 3 \times \dot{3}/\ 5^2$

$= 12/25$

$= 1225$

यह 'यावदूनं तावदूनीकृत्य वर्गं च योजयेत्' उपसूत्र से निकला सहज परिणाम है। भिन्न को दाशमिक संख्या में बदलने में इसका प्रयोग देखें—

1/7 के प्रकरण में हर के इकाई के अंक को 9 बनाने के लिए हर और अंश में 7 का गुणा करेंगे।

$$\frac{1}{7} = \frac{7}{49}$$

49 का 'एकाधिक पूर्व' 5 है।

सूत्र 'एकाधिक पूर्वेण' के प्रयोग से—

भिन्न के आवर्ती दशमलव स्वरूप का अंतिम अंक 7 होगा

5 से 7 का गुणा करने पर 35

5 से 5 को गुणा करने पर 25 + हासिल 3 = 28

5 से 8 को गुणा करने पर 40 + हासिल 2 = 42

5 से 2 को गुणा करने पर 10 + हासिल 4 = 14

5 से 4 को गुणा करने पर 20 + हासिल 1 = 21

5 से 1 को गुणा करने पर 5 + हासिल 2 = 7

अंतिम अंक की आवृति

अतः $\frac{1}{7} = .{}_2\dot{1}{}_14{}_42{}_28{}_35\dot{7}$

$= .\dot{1}4285\dot{7}$

11. एकन्यूनेन पूर्वेण—

अर्थ—पहले से एक कम द्वारा।

यह 'निखिलम्' सूत्र से निकला एक सहज परिणाम है। यह उन संख्याओं के गुणन में प्रयुक्त होता है, जिनके गुणक में सभी अंक 9 होते हैं।

11 × 99 के प्रकरण में गुण्य (11) में से 1 कम किया जाता है, फिर उसके सम्मुख 'निखिलम्' सूत्र के प्रयोग से 99 में से उसे घटाकर लिखते हैं।

11 × 99 = (11 − 1)/ 99 − (11 − 1)
= 10/89
= 1089

12. अन्त्ययोर्दशकेऽपि

अर्थ—अंतिम अंकों के योग 10 वाली संख्याओं के लिए भी।

यह पंचांतक संख्याओं के वर्ग संबंधी एकाधिकेन पूर्वेण उपसूत्र पर आधारित उपप्रमेय का एक उपप्रमेय है; जो कि यह बतलाता है कि उपर्युक्त उपप्रमेय न केवल पंचांतक संख्याओं के वर्ग पर ही लागू होता है, वरन् उन सभी संख्याओं के गुणन पर भी लागू होता है, जिनके इकाई के अंक भिन्न तथा 10 के पूरक हैं एवं पहले अंक तुल्य हैं।

उदाहरण

27 × 23 = 2 × 2̇/ 7 × 3
= 6/21
= 621

13. आनुरूप्येण

अर्थ—अनुपात से।

यह उपसूत्र स्वयंसिद्ध है।

वास्तविक अनुप्रयोग में यह उपसूत्र बताता है कि उन सभी दशाओं में जहाँ कि आनुपातिक संबंध परिमेय है, उस अनुपात का उपयोग कर आनुपातिक गुणन या भाग किया जाता है।

माना कि हमें 41 से 49 को गुणा करना है।

ये दोनों संख्याएँ आधार अंक 100 से काफी दूर हैं और इनकी पूरक संख्याएँ 59 एवं 51 हुईं, जिनका गुणा 59×51 कठिन है।

अत: 100 को सैद्धांतिक आधार मानेंगे तथा उपगुणज 50 को क्रियात्मक आधार संख्या।

सारी प्रक्रिया निम्नवत् होगी—

आधार = 100

क्रियात्मक आधार = $\frac{100}{2}$ = 50

संख्याएँ	क्रि.आ. 50 से विचलन
41	−9
49	−1

2) 41+(−1) / (−9) (−1)

अर्थात् 2) 40 / 09

अर्थात् 20 / 09

अत: 41 × 49 = 2009

यहाँ आधार 100 में 2 का भाग देने पर क्रियात्मक आधार 50 प्राप्त हुआ है। अत: वाम पक्ष भी 2 का भाग देने पर प्राप्त हुआ।

14. आद्यमाद्येन

अर्थ—प्रारंभिक, प्रारंभिक से।

मूल भिन्न के तुल्य दशमलव के प्रारंभिक अंक अथवा अंकों को अंश

से गुणा कर प्रश्नगत गुणज के लिए आरंभिक अंक निर्धारित किए जा सकते हैं।

यथा : $\frac{1}{7} = 0.\dot{1}4285\dot{7}$

चूँकि $\frac{1}{7}$, 0.14 से आरंभ होता है, अतः $\frac{2}{7}$ को 0.28 से आरंभ होना चाहिए और मानक चक्रीय क्रम के अनुसार

$$\frac{2}{7} = .\dot{2}8571\dot{4}$$

15. अन्त्यमन्त्येन

अर्थ—अंतिम, अंतिम से।

मूल भिन्न के तुल्य दशमलव के अंतिम अंक अथवा अंकों को अंश से गुणा कर प्रश्नगत गुणज के लिए अंतिम अंक निर्धारित किए जाते हैं।

यथा $\frac{1}{7} = 0.\dot{1}4285\dot{7}$

चूँकि $\frac{1}{7}$ का अंत 7 से होता है

$\frac{2}{7}$ का अंत 4 से होना चाहिए

$\frac{3}{7}$ का अंत 1 से होना चाहिए

$\frac{4}{7}$ का अंत 8 से होना चाहिए

$\frac{5}{7}$ का अंत 5 से होना चाहिए

$\frac{6}{7}$ का अंत 2 से होना चाहिए

अतः चक्रीय क्रम के अनुसार

$$\frac{2}{7} = .\dot{2}8571\dot{4}$$

$$\frac{3}{7} = .\dot{4}2857\dot{1}$$

$$\frac{4}{7} = .\dot{5}7142\dot{8}$$

$$\frac{5}{7} = .\dot{7}1428\dot{5}$$

$$\frac{6}{7} = .\dot{8}5714\dot{2}$$

16. आद्यमाद्येन अन्त्यमन्त्येन

अर्थ—प्रथम को प्रथम के द्वारा तथा अंतिम को अंतिम के द्वारा।

द्विघातीय बहुपदों के गुणनखंड करने की वैदिक विधि में दो उपसूत्र काम आते हैं :

(अ) आनुरूप्येण तथा (ब) आद्यमाद्येन अन्त्यमन्त्येन।

द्विघातीय बहुपद 2य^2 + 7य + 3 को लेते हैं।

मध्य पद गुणन संख्या 7 को इस प्रकार दो भागों में बाँटते हैं कि प्रथम गुणन संख्या का पहले हिस्से के साथ अनुपात, दूसरे हिस्से का अंतिम पद के साथ अनुपात समान हो। इस प्रकार

2य^2 + 7य + 3 = 2य^2 + 6य + य + 3

मध्य पद की गुणन संख्या 7 को इस प्रकार दो भागों (6 तथा 1) में बाँटा, जिससे प्रथम पद की गुणन संख्या तथा प्रथम भाग का अनुपात (अर्थात् 2 : 6) और द्वितीय भाग का अंतिम पद के साथ अनुपात (1 : 3) बराबर हो। अब इस अनुपात से एक गुणनखंड य + 3 प्राप्त हो जाता है और दूसरा गुणनखंड, द्विघाती की प्रथम गुणन संख्या को गुणनखंड की पूर्व प्राप्त गुणन संख्या से तथा अंतिम पद को (द्विघाती के) उस गुणनखंड के अंतिम पद से भाग देने से मिलता है। दूसरे शब्दों में, दूसरा द्विपदी खंड इस प्रकार मिलता है—

$$\frac{2\text{य}^2}{\text{य}} + \frac{3}{3} = 2\text{य} + 1$$

इस प्रकार 2य^2 + 7य + 3 = (य + 3)(2य + 1)

17. लोपनस्थापनाभ्याम्

अर्थ—विलोपन तथा स्थापना से।

द्वितीय कोटि के समघात व्यंजक जिनमें कई बीजीय राशियों का प्रयोग होता है, के गुणनखंड करते समय सामान्यत: छात्र डरते हैं, परंतु 'लोपन स्थापनाभ्याम्', 'आनुरूप्येण' तथा 'आद्यमाद्येन अन्त्यमन्त्येन' उपसूत्रों की सहायता से आसानी से गुणनखंड किए जा सकते हैं।

माना 2क^2 + 6ख^2 + ग^2 + 7क ख + 5ख ग +3ग क के गुणनखंड करने हैं। क्रिया इस प्रकार होगी—

(1) सर्वप्रथम हम ग = 0 रखकर ग का विलोपन करते हैं तथा केवल क, ख की स्थापना रखते हैं एवं प्राप्त द्विघाती का 'आद्यमाद्येन अन्त्यमन्त्येन' उपसूत्र की सहायता से गुणनखंड करते हैं। इस प्रकार—

2क^2 + 6ख^2 + 7क ख = (2क + 3ख)(क + 2ख)

(2) फिर हम उसी प्रकार दिए गए द्विघाती में ख = 0 रखकर ख का विलोपन करते हैं तथा क, ग की स्थापना रखते हैं एवं प्राप्त द्विघाती के 'आद्यमाद्येन अन्त्यमन्त्येन' उपसूत्र की सहायता से गुणनखंडन करते हैं।

इस प्रकार 2क^2 + ग^2 + 3ग क = (2क + ग)(क + ग)

(3) इन दो गुणनखंडों के समूहों की सहायता से विलोपनजनित रिक्तियों की पूर्ति करते हैं।

इस प्रकार

2क^2 + 6ख^2 + ग^2 + 7क ख + 5ख ग + 3ग क

= (2क + 3ख + ग)×(क + 2ख + ग)

18. व्यष्टिसमष्टि:

अर्थ—रूप भेद द्वारा।

वैदिक गणित में एक विशिष्ट प्रकार के चतुर्घात समीकरण, जिनमें वाम पक्ष दो द्विपदों के चतुर्घातों का योग रहता है तथा दाहिने पक्ष में उनका मान एक गणितीय संख्या रहती है, को इस सूत्र से हल कर सकते हैं। चतुर्घातों को सरल द्विघातों में तोड़ने के लिए दोनों द्विपदों के मध्य मान का उपयोग करते हैं।

(य + 6)^4+(य + 4)^4 = 706

यहाँ य + 6 तथा य + 4 के मध्य मान (य + 6 + य + 4)/2 = य + 5 के स्थान पर र रखने से

$$(\text{र} + 1)^4 + (\text{र} - 1)^4 = 706$$

अर्थात् $2\text{र}^4 + 12\text{र}^2 + 2 = 706$

अर्थात् $2\text{र}^4 + 12\text{र}^2 - 704 = 0$

अर्थात् $\text{र}^4 + 6\text{र}^2 - 352 = 0$

$$\text{अर्थात् र} = \frac{-6 \pm \sqrt{36 + 4 \times 1 \times 352}}{2}$$

$$= \frac{-6 \pm \sqrt{1444}}{2}$$

$$= \frac{-6 \pm 38}{2}$$

$$= -22,\ 16$$

$$\text{र} = \pm\sqrt{-22},\ \pm 4$$

$$\text{य} = -5 \pm \sqrt{-22},\ -1,\ -9$$

19. पूरणापूरणाभ्याम्

अर्थ—पूर्ण और अपूर्ण द्वारा।

समीकरण $\text{प य}^2 + \text{फ य} + \text{ब} = 0$ का हल

$$\text{य} = \frac{-\text{फ} \pm \sqrt{\text{फ}^2 - 4\text{य ब}}}{2\text{प}}$$

इसी सूत्र पर आधारित विधि द्वारा निकाला गया है।

$$\text{प य}^2 + \text{फ य} + \text{ब} = 0$$

$$\text{तब य}^2 + \frac{\text{फ}}{\text{प}} \times \text{य} + \frac{\text{ब}}{\text{प}} = 0$$

$$\text{अर्थात् य}^2 + \frac{\text{फ}}{\text{प}} \times \text{य} = -\frac{\text{ब}}{\text{प}}$$

बाईं ओर वर्ग को पूर्ण करने पर

$$य^2 + \frac{फ}{प} \times य + \frac{फ^2}{4प^2} = -\frac{ब}{प} + \frac{फ^2}{4प^2}$$

$$अतः \left(य + \frac{फ}{2प}\right)^2 = \frac{फ^2 - 4प ब}{4प^2}$$

$$अतः \quad य + \frac{फ}{2प} = \pm\sqrt{\frac{फ^2 - 4 प ब}{4प^2}}$$

$$अर्थात् \quad य = \frac{-फ \pm \sqrt{फ^2 - 4 प ब}}{2प}$$

20. संकलन व्यवकलनाभ्याम्

अर्थ—जोड़ने तथा घटाने के द्वारा।

एक विशिष्ट प्रकार के युगपत् एक घात समीकरण जिनमें य तथा र की गुणन संख्याएँ संख्यात्मक दृष्टि से परस्पर अदली-बदली होती हैं। इन्हें हल करने के लिए 'उपसूत्र संकलन व्यवकलनाभ्याम्' का प्रयोग अत्यंत सुगम रहता है, जिसके द्वारा य + र और य - र के मान ज्ञात हो जाते हैं। इन दोनों समीकरणों में पुनः इस सूत्र का प्रयोग कर य तथा र का मान ज्ञात कर लिया जाता है।

यथा :

$$84 य + 41र = 166 \quad (1)$$

तथा

$$41 य + 84र = 209 \quad (2)$$

समीकरण (1) तथा (2) को जोड़ने पर

$$125य + 125र = 375$$

अर्थात्

$$य + र = 3 \quad (3)$$

समीकरण (1) से समीकरण (2) घटाने पर

$$43य - 43र = -43$$

अर्थात्

$$य - र = -1 \quad (4)$$

समीकरण (3) तथा (4) को जोड़ने पर

$$2\text{य} = 2$$

अर्थात् य = 1

समीकरण (3) से समीकरण (4) घटाने पर

$$2\text{य} = 4$$

अर्थात् र = 2

उत्तर य = 1,

र = 2

21. विलोकनम्

अर्थ—देखकर।

समीकरण $\text{य} + \frac{1}{\text{य}} = \frac{10}{3}$ के प्रकरण में 'विलोकनम्' के अनुसार वाम पक्ष दो व्युत्क्रमों का योग है। साथ ही दक्षिण पक्ष भी 3 तथा $\frac{1}{3}$ दो व्युत्क्रमों का योग है। अतः य = 3, $\frac{1}{3}$

22. वेष्टनम्

अर्थ—आश्लेषण करके।

आश्लेषण विभाजनीयता का उत्तम परीक्षण है। माना 21 की 7 से विभाजनीयता का परीक्षण करना है। इस हेतु हमें 7 के एकाधिक से 21 का आश्लेषण करना है। 7 का एकाधिक 7 में 7 का गुणा करने पर प्राप्त 49 से 5 मिलता है। 5 से 21 का आश्लेषण इस प्रकार होगा—

$$5 \times 1 + 2 = 7$$

चूँकि आश्लेषण के बाद प्राप्त राशि 7 भाजक 7 से पूर्णतः विभाज्य है, अतः 21 भी 7 से पूर्णतः विभाज्य होगा, अन्यथा नहीं।

23. शिष्यते शेषसंज्ञः

अर्थ—एक विशिष्ट अनुपात में भाजक के बढ़ने के साथ भजनफल उसी अनुपात में कम होने की स्थिति में शेष नहीं बदलता। 'जो बचता है उसकी शेषसंज्ञा होती है।'

यथा : 47 में 5 का भाग देने पर भजनफल 9 तथा शेष 2।

47 में 15 का भाग देने पर भजनफल 3 तथा शेष 2।

यहाँ भाजक तिगुना होने के साथ भजनफल एक-तिहाई है, तब शेष वही 2 है।

24. गुणितसमुच्चयः समुच्चयगुणितः

अर्थ—'गुणनखंडों की गुणन संख्याओं के योग का गुणनफल, गुणनफल भी गुणन संख्याओं के योग के समान होता है।'

यथा : $(2\text{क} + 1)(3\text{क} + 5) = (6\text{क}^2 + 13\text{क} + 5)$

के प्रकरण में $(2 + 1)(3 + 5) = (6 + 13 + 5)$

प्रत्येक पक्ष 24 के समान

संख्याओं के योग तथा गुणन के नवांक एवं एकादशांक परीक्षण इसी उपसूत्र पर आधारित हैं।

25. द्वंद्व योग

अर्थ—द्वंद्व योग अर्थात् द्वयात्मक पद। इसके दो अर्थ हैं—

(1) वर्ग निकालने के अर्थ में,

(2) तिर्यक गुणन के अर्थ में।

एक अंक की संख्या में इसका अर्थ वर्ग लिया जाता है तथा सम संख्या वाले अंकों की संख्या के संदर्भ में तिर्यक् गुणन के दुगुने के अर्थ में।

7 का द्वंद्व योग $\begin{matrix} 7 \\ \downarrow \\ 7 \end{matrix}$ $= 7 \times 7 = 49$

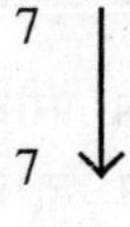

72 का द्वंद्व योग $\begin{matrix} 7 & & 2 \\ & \times & \\ 7 & & 2 \end{matrix}$ $= 2 \times (7 \times 2) = 28$

723 का द्वंद्व योग $\begin{matrix} 7 & 2 & 3 \\ & \times\!\downarrow & \\ 7 & 2 & 3 \end{matrix}$ $= 2(7 \times 3) + 2^2$

$= 46$

26. ध्वजांक

अर्थ—ध्वज संख्या।

यह उपसूत्र 'ऊर्ध्व तिर्यग्भ्याम्' का सीधा अनुप्रयोग है। इस सूत्र का भाग

में प्रयोग होता है। भाजक के दो हिस्से किए जाते हैं; यथा : 83 में 8 को भाजक स्तंभ में रखकर 3 को उसके ऊपर दाहिनी ओर ध्वज की तरह रखते हैं। सारा-का-सारा भाजन कार्य 8 द्वारा होगा।

27. शुद्धः

अर्थ—शोधित राशि।

यह सूत्र संख्याओं के योग में काम आता है। कुछ पुस्तकों में यह सूत्र देखने को मिलता है। स्थानीय अंकों का योग करते समय जैसे ही योग इकाई के अंक को पार करता है, बाईं ओर के अंक को एकाधिक कर दिया जाता है तथा पुनः शुद्ध इकाई अंक लेकर आगे बढ़ते हैं।

यथा :

$$\begin{array}{ccc} 3 & 8 & 4 \\ \dot{0} & 9 & 5 \\ \dot{1} & \dot{3} & 6 \\ \hline 6 & 1 & 5 \end{array}$$

28. कूट सूत्र

अर्थ—गोपनीय भाषा में प्रकट गणितीय तथ्य।

'कादि नव, टादिनव, पादि पंचक याद्यष्टक तथाक्षः शून्यम्।'

कूट भाषा में $\frac{\pi}{10}$ का मान इस प्रकार है—

'गोपी भाग्य मधुव्रात शृंगिशोदधि संधिग। खल जीवित खाताव गल हालार संधर॥'

कुछ अन्य सूत्र इस प्रकार हैं—

'कलौ क्षुद्र ससैः'

'कंसे क्षाम दाह खलैर्मलैः'

'केवलैः सप्तक गुण्यात्'।

❑

अध्याय 2

संख्याएँ और उनका निरूपण

I. संख्याएँ

भावों की अभिव्यक्ति जीवन का अभिन्न अंग है। मनुष्य अपने भावों की अभिव्यक्ति भाषा के द्वारा करता है। वह अपनी दैनिक आवश्यकताओं की जानकारी गणना के द्वारा करता है। कितनी वस्तु की उसे आवश्यकता है? कितनी वस्तु उसके पास है? कितनी वस्तु के बदले कितनी वस्तु उसे दूसरे को प्रदान करनी है? किस काम को करने में कितना समय लगेगा? आदि-आदि। इन सबका आधार संख्याएँ तथा गणना है।

जिस दिन मनुष्य ने संसार में पदार्पण किया उसी दिन से उसके मस्तिष्क में संख्या बुद्धि की उत्पत्ति हुई। अलग-अलग लोगों में संख्या बुद्धि अलग-अलग होती है। किसी भी पृथक् वस्तु को वह एक मान कर चलता है और उसके गिनने की सीमा अलग-अलग होती है।

एक के साथ उसी तरह की एक-एक वस्तु मिलते रहने पर संख्याओं का विस्तार होता है।

एक के साथ एक और मिल जाने पर दो, दो के साथ एक और मिल जाने पर तीन, तीन के साथ एक और मिल जाने पर चार, इस प्रकार संख्याओं का विस्तार होता है।

पशु तथा पक्षियों में भी संख्या बुद्धि होती है। अमेरिका के बोलीविया प्रदेश की चिकट्टो जाति की भाषा में संख्यासूचक कोई शब्द नहीं है। ये केवल 'एक' के लिए 'एत्म' शब्द का प्रयोग करते हैं तथा उससे आगे नहीं गिन सकते। अमेरिका के 'ग्वायकुरु' परिवार के 'बोटोसूडो' नामक कबीले के लोगों की

बोली में दो संख्यात्मक शब्द हैं 'मोकेनम' (एक) और 'उरुह' (बहुत)। ये लोग दो या तीन भी नहीं कह सकते। अमेरिका में एक ऐसी जाति है, जिसका नाम है 'अंसाबलाडा'। इनकी भाषा में दो संख्यात्मक शब्द हैं—'ते' (एक) और 'कयापा' (दो)। इसी देश में एक बोली है 'मोबोकोबी'। इस बोली में भी संख्या संबंधी दो शब्द हैं—'यांत्वक' (एक) और 'यांका' (दो)। संसार में कुछ ऐसी जातियाँ हैं, जिनकी भाषा में तीन तक की गिनती है। 'फूगन' नाम की जाति की बोली में केवल तीन संख्यात्मक शब्द हैं—'कउली' (एक), 'कंपायपी' (दो) और 'मातेन' (तीन)। 'बरोरो' नामक जाति की बोली में भी तीन संख्यासूचक शब्द हैं—'कउए' (एक), मकऊए (दो) और उऊउए (तीन)। संसार की कुछ जातियाँ चार तक गिन सकती हैं। कुछ जातियाँ पाँच तक गिन लेती हैं। संसार की अधिकांश पुरानी जातियों को केवल पाँच तक का ज्ञान था। कप्तान पेरी के अनुभव के अनुसार, 'एक्जिमो' जाति का कोई व्यक्ति उस समय केवल सात तक गिन सकता था।

सभ्यता के विकास के साथ-साथ मनुष्य ने बोलना, गिनना, लिखना तथा पढ़ना सीखा। एक के साथ एक के मिलने से आगे की संख्याएँ तैयार हुईं तथा इनको नाम दिए गए।

एक, दो, तीन, चार, पाँच, छः, सात...... इत्यादि। इन संख्याओं को प्राकृतिक संख्याएँ कहते हैं। ये गिनने के काम आती हैं। विश्व में तीन प्रकार की संख्याओं का प्रयोग होता है।

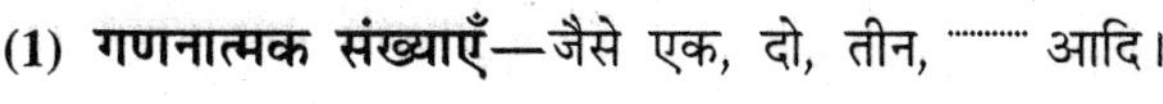

(1) **गणनात्मक संख्याएँ**—जैसे एक, दो, तीन, ... आदि।

(2) **क्रम संख्याएँ**—जैसे प्रथम, द्वितीय, तृतीय, ... आदि।

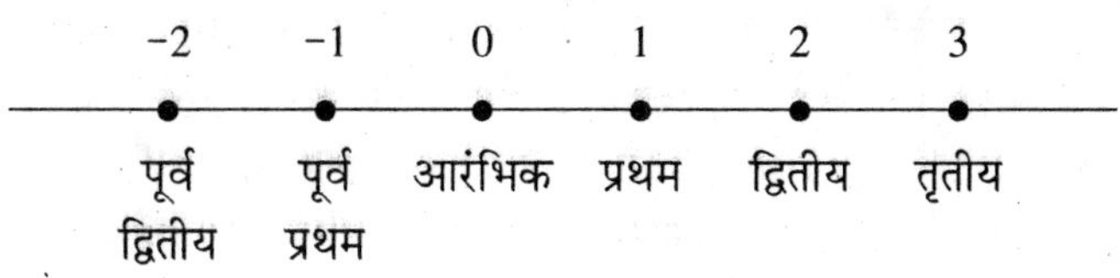

(3) **गुणन संख्याएँ**—जैसे समान, दुगुना, तिगुना, आदि।

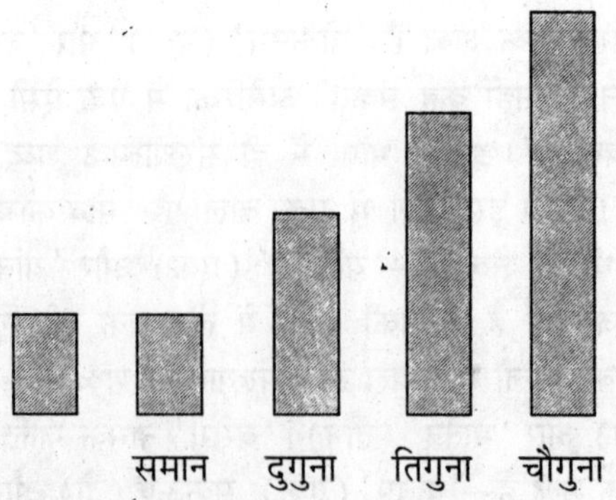

II. संख्यांक एवं संपूर्ण सख्याएँ

संख्याओं को लिखने के लिए अलग-अलग समयों में अलग-अलग देशों में अलग-अलग संकेतों का प्रयोग किया गया। वर्तमान में विश्व में प्रचलित दाशमिक पद्धति भारत की देन है। इसमें दस संकेतों के माध्यम से संख्याओं को निरूपित किया जाता है। ये भारत से अरब के रास्ते यूरोप में पहुँचे। देवनागरी, अरबी तथा अंग्रेजी के संख्यांक इस प्रकार हैं—

देवनागरी	—	०, १, २, ३, ४, ५, ६, ७, ८, ९
अरबी	—	٠, ١, ٢, ٣, ٤, ٥, ٦, ٧, ٨, ٩
अंग्रेजी	—	0, 1, 2, 3, 4, 5, 6, 7, 8, 9

देवनागरी में संकेत ०, शून्य को निरूपित करता है; जिसकी खोज का श्रेय भारत को जाता है। यह रिक्तता का सूचक है। १, २, ३, ४, ५, ६, ७, ८ और ९ क्रमशः एक, दो, तीन, चार, पाँच, छः, सात, आठ एवं नौ को निरूपित करते हैं। इनके संगत अरबी और अंग्रेजी भाषाओं के संकेत ऊपर दिए हैं। अंग्रेजी के संख्यांकों को अंतरराष्ट्रीय संख्यांक माना गया है। व्यवहार में हम इन्हें अंक के नाम से पुकारते हैं। संख्यांकों की कुल संख्या दस है।

इन संकेतों से पहले 1 लिख देने पर आगे की संख्याएँ दस 10, ग्यारह 11, बारह 12, तेरह 13, चौदह 14, पंद्रह 15, सोलह 16, सत्रह 17, अठारह 18 एवं उन्नीस 19 प्राप्त होती हैं। इन्हीं संकेतों से पूर्व 2 लिख देने पर आगे की संख्याएँ बीस 20, इक्कीस 21, बाईस 22, तेईस 23, चौबीस 24, पच्चीस 25, छब्बीस 26, सत्ताईस 27, अट्ठाईस 28 तथा उनतीस 29 प्राप्त होती हैं। इसी प्रकार 3, 4, 5, 6, 7, 8, 9, 10, 11, 12,...... आदि को 0, 1, 2, 3, 4, 5, 6, 7, 8, 9 के पहले लिखने पर आगे की सभी संख्याएँ प्राप्त होती हैं। इस

प्रकार हम संपूर्ण संख्याओं (Whole Numbers) को लिख सकते हैं। ये इस प्रकार होंगी—

0, 1, 2, 3, 4, 5, 6, 7, 8, 9,
10, 11, 12, 13, 14, 15, 16, 17, 18, 19,
20, 21, 22, 23, 24, 25, 26, 27, 28, 29,
30, 31, 32, 33, 34, 35, 36, 37, 38, 39,
40, 41, 42, 43, 44, 45, 46, 47, 48, 49,
50, 51, 52, 53, 54, 55, 56, 57, 58, 59,
60, 61, 62, 63, 64, 65, 66, 67, 68, 69,
70, 71, 72, 73, 74, 75, 76, 77, 78, 79,
80, 81, 82, 83, 84, 85, 86, 87, 88, 89,
90, 91, 92, 93, 94, 95, 96, 97, 98, 99,
100, 101, 102, 103, 104, 105, 106, 107, 108, 109 इत्यादि।

दाएँ से बाएँ लिखे अंकों के स्थानों के नाम इस प्रकार होते हैं—

पहला—इकाई, दूसरा—दहाई, तीसरा—सैकड़ा, चौथा—हजार, पाँचवाँ—दस हजार, छठवाँ—लाख, सातवाँ—दस लाख, आठवाँ—करोड़, नौवाँ—दस करोड़, दसवाँ—अरब, ग्यारहवाँ—दस अरब, बारहवाँ—खरब, तेरहवाँ—दस खरब, चौदहवाँ—नील, पंद्रहवाँ—दस नील, सोलहवाँ—पद्म, सत्रहवाँ—दस पद्म, अठारहवाँ—संख, उन्नीसवाँ—दस संख, बीसवाँ—महासंख। तैत्तिरीय संहिता में संख्याओं का विस्तार इस श्लोक में द्रष्टव्य है—

"शताय स्वाहा सहस्राय स्वाहाऽयुताय स्वाहा नियुताय स्वाहा प्रयुताय स्वाहाऽर्बुदाय स्वाहा न्यर्बुदाय स्वाहा समुद्राय स्वाहा मध्याय स्वाहा न्ताय स्वाहा परार्धाय स्वाहेषसे स्वाहा।" —(तैत्तिरीय संहिता 7-2-20-1)

0 से लेकर 100 तक संख्याओं के नाम इस प्रकार हैं—

0 शून्य, 1 एक, 2 दो, 3 तीन, 4 चार, 5 पाँच, 6 छः, 7 सात, 8 आठ, 9 नौ, 10 दस, 11 ग्यारह, 12 बारह, 13 तेरह, 14 चौदह, 15 पंद्रह, 16 सोलह, 17 सत्रह, 18 अठारह, 19 उन्नीस, 20 बीस, 21 इक्कीस, 22 बाईस, 23 तेईस, 24 चौबीस, 25 पच्चीस, 26 छब्बीस, 27 सत्ताईस, 28 अट्ठाईस, 29 उनतीस, 30 तीस, 31 इकतीस, 32 बत्तीस, 33 तैंतीस, 34 चौंतीस, 35 पैंतीस, 36 छत्तीस, 37 सैंतीस, 38 अड़तीस, 39 उनतालीस, 40 चालीस, 41 इकतालीस, 42 बयालीस, 43 तैंतालीस, 44 चौवालीस, 45 पैंतालीस, 46 छियालीस, 47 सैंतालीस, 48 अड़तालीस, 49 उनंचास, 50 पचास, 51 इक्यावन, 52 बावन, 53 तिरेपन, 54 चौवन, 55 पचपन, 56 छप्पन, 57 सत्तावन, 58 अट्ठावन, 59 उनसठ, 60 साठ, 61 इकसठ, 62 बासठ, 63 तिरेसठ, 64 चौंसठ, 65 पैंसठ,

66 छासठ, 67 सड़सठ, 68 अड़सठ, 69 उनहत्तर, 70 सत्तर, 71 इकहत्तर, 72 बहत्तर, 73 तिहत्तर, 74 चौहत्तर, 75 पचहत्तर, 76 छिहत्तर, 77 सतहत्तर, 78 अठहत्तर, 79 उन्यासी, 80 अस्सी, 81 इक्यासी, 82 बयासी, 83 तिरासी, 84 चौरासी, 85 पचासी, 86 छियासी, 87 सत्तासी, 88 अट्ठासी, 89 नवासी, 90 नब्बे, 91 इक्यानबे, 92 बानबे, 93 तिरानबे, 94 चौरानबे, 95 पंचानबे, 96 छियानबे, 97 सत्तानबे, 98 अट्ठानबे, 99 निन्यानबे, 100 सौ।

इन संख्याओं के नाम याद करने के बाद आगे के अंकों का नाम बाएँ से दाएँ अंकों के स्थान नाम के साथ प्रारंभ करके पढ़ा जाता है। यथा— 2,05,738 को हम दो लाख पाँच हजार सात सौ अड़तीस पढ़ेंगे तथा 1,85,37,432 को हम एक करोड़ पचासी लाख सैंतीस हजार चार सौ बत्तीस पढ़ेंगे।

III. प्रति प्राकृतिक संख्याओं की अवधारणा

प्राकृतिक संख्याओं और संपूर्ण संख्याओं की जानकारी के बाद हमारा संख्याओं का क्षेत्र पूर्ण नहीं हो जाता। अनेक अवसरों पर हमें कुछ विशेष प्रकार की संख्याओं की आवश्यकता पड़ जाती है। जैसे—

उदाहरण 1 :

दो गाँवों में जानवरों की संख्या क्रमशः 60 तथा 90 है। दूसरे गाँव के लोग पहले गाँव से 20 जानवर खोलकर ले जाते हैं, परंतु दैवयोग से उनके गाँव में किसी संक्रामक रोग से 25 जानवर मर जाते हैं। वर्तमान समय में इस गाँव में पहले की अपेक्षा कितने जीवित जानवर अधिक हैं?

यहाँ उत्तर (–5) आता है, क्योंकि 90 की सामान्य स्थिति जानवरों की संख्या को दो भागों में बाँट देती है।

(i) 90 से अधिक (ii) 90 से कम

गाँव में जानवरों की कमी 25–20=5 को आधिक्य के पदों में देखें तो हमें कमी के साथ ऋण चिह्न (–) का प्रयोग करना पड़ेगा।

उदाहरण 2 :

मेरे पास 3,00,000 रुपए हैं; परंतु बेटी की शादी में मेरे 3,55,000 रुपए खर्च हो गए। अब मेरे पास कितने रुपए शेष हैं?

उत्तर – 55,000 रुपए आता है।

यहाँ खर्च किए गए रुपयों की संख्या मौजूद रुपयों से अधिक है। अतः मुझे 3,00,000 रुपयों से ऊपर के अधिक रुपयों 3,55,000–3,00,000=55,000 की अलग से व्यवस्था करनी पड़ी, जो मुझको ऋण के रूप में कहीं से लेने

पड़े। अतः शेष रुपए यहाँ ऋण के रूप में हैं। अतः उत्तर –55,000 रुपए आया।

उपर्युक्त उदाहरणों से हमने देखा कि हमारा संख्या क्षेत्र प्राकृतिक संख्याओं से पूर्ण नहीं हो जाता। हमें अन्य संख्याओं की भी आवश्यकता है।

किसी दी गई प्राकृतिक संख्या से अन्य प्राकृतिक संख्या की न्यूनता आधिक्य के पदों में प्रति प्राकृतिक संख्या कहलाती है। प्रति प्राकृतिक संख्याएँ प्राकृतिक संख्याओं के साथ मिलकर उनके मान को न्यून करती हैं।

किसी दी गई प्राकृतिक संख्या से अन्य प्राकृतिक संख्या की अधिकता प्राकृतिक संख्याओं 1, 2, 3, 4, 5, 6, 7, ... इत्यादि से निरूपित होती हैं। अतः न्यूनता को अधिकता के पदों में क्रमशः संख्याओं –1, –2, –3, –4, – 5, –6, – 7, ... इत्यादि से निरूपित करते हैं। सम स्थिति को आधिक्य संख्या 0 द्वारा निरूपित करते हैं। संख्या 0 रिक्तता का सूचक है। संख्याओं {......., –4, –3, –2, –1, 0, 1, 2, 3, 4, ...} को पूर्ण संख्याओं के नाम से पुकारा जाता है। संख्याओं {1, 2, 3, 4, 5, 6, ...} को प्राकृतिक संख्याओं के अतिरिक्त धनात्मक पूर्ण संख्याएँ (Positive Integers) भी कहते हैं। संख्याओं {..... –5, –4, –3, –2, –1} को प्रति प्राकृतिक संख्याएँ या ऋणात्मक पूर्ण संख्याएँ (Negative Integers) कहते हैं।

पूर्ण संख्याओं को एक क्षैतिज सरल रेखा के सम विभाजक बिंदुओं से निरूपित किया जा सकता है। इसके लिए किसी एक बिंदु को मूल बिंदु (0) तथा इस बिंदु से दाहिनी ओर क्रमशः आनेवाले बिंदुओं की दूरियों को संख्या 1, 2, 3, 4, 5,.........आदि से निरूपित करते हैं तथा बाईं ओर क्रमागत बिंदुओं की दूरियों को –1, –2, –3, –4, ... इत्यादि से निरूपित करते हैं। इस रेखा को संख्या रेखा कहा जाता है।

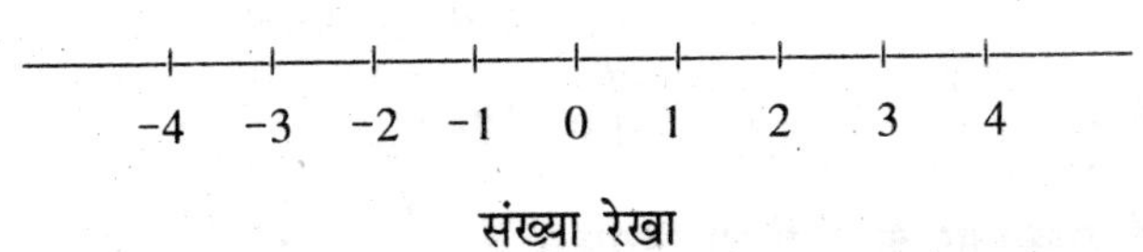

संख्या रेखा

पूर्ण संख्याओं का न आदि होता है और न अंत। इनको आरोही क्रम में निम्न प्रकार लिखा जा सकता है।

.... $-4 < -3 < -2 < -1 < 0 < 1 < 2 < 3 < 4$ ....

❑

अध्याय 3

योग (जोड़)

धनात्मक पूर्ण संख्याओं का योग

धनात्मक पूर्ण संख्याओं m तथा n के योग m + n से तात्पर्य उस संख्या से है, जो m का n बार एकाधिक करने पर प्राप्त होती है।

दूसरे शब्दों में— $m + 1 = \dot{m}$ (m का एकाधिक)

तथा $m + \dot{n} = (m + n)^{\cdot}$

I. पूर्ण संख्याओं का योग

इसी प्रकार हम पूर्ण संख्याओं की योग संक्रिया को परिभाषित कर सकते हैं। a तथा b दो पूर्ण संख्याएँ हैं तो

$a + 1 = \dot{a}$ (a का एकाधिक)

तथा $a + \dot{b} = (a + b)^{\cdot}$

II. पूर्ण संख्याओं के योग के नियम

(i) **परिवेष्टन नियम :** दो पूर्ण संख्याओं का योग एक पूर्ण संख्या होती है।

(ii) **क्रम विनिमेय नियम :** दो पूर्ण संख्याओं के योग करते समय संख्याओं के क्रम को बदल देने पर योग वही रहता है। दूसरे शब्दों में, किन्हीं दो पूर्ण संख्याओं x तथा y के लिए $x + y = y + x$।

(iii) **साहचर्य नियम :** तीन पूर्ण संख्याओं का योग करते समय पहली दो संख्याओं का योग करके उसका तीसरी संख्या के साथ योग करते हैं। यदि यह क्रिया अंतिम दोनों संख्याओं का योग करके उसका पहली संख्या के साथ योग करें तो योग वही होगा; अर्थात् x, y तथा z कोई तीन पूर्ण संख्याएँ हैं तो $(x + y) + z = x + (y + z)$।

उदाहरण : $(4 + 5) + 7 = 4 + (5 + 7)$ प्रत्येक स्थिति में 16

(iv) **योग की तत्समिका :** 0 योग की तत्समिका है। इसका किसी पूर्ण संख्या के साथ योग करें तो योग वही पूर्ण संख्या आएगा। यथा $5 + 0 = 5$।

(v) **योज्य प्रतिलोम :** किसी पूर्ण संख्या का योज्य प्रतिलोम वह पूर्ण संख्या है जिसे दी हुई पूर्ण संख्या के साथ योग करने पर 0 प्राप्त होता है। यथा 5 का योज्य प्रतिलोम -5 होगा, क्योंकि $5 + (-5) = 0$, $-x$ का योज्य प्रतिलोम $-(-x) = x$ होगा।

(vi) **निरसन नियम :** दो पूर्ण संख्याओं का किसी पूर्ण संख्या के साथ योग करके बनी दोनों संख्याएँ समान हैं तो दोनों पूर्ण संख्याएँ एक ही हैं। अर्थात x, y तथा z कोई पूर्ण संख्याएँ हैं तथा $x + z = y + z$ तो $x = y$।

यदि x तथा y कोई दो पूर्ण संख्याएँ तथा $x - y$ ऐसी पूर्ण संख्या है, जिससे y का योग करने पर संख्या x प्राप्त होती है।

$$(x - y) + y = x$$

अतः $$(x - y) + y + (-y) = x + (-y)$$

अतः
$$\begin{aligned} x + (-y) &= (x - y) + [y + (-y)] \\ &= (x - y) + 0 \\ &= x - y \end{aligned}$$

हम दिखा सकते हैं—

$$(-x) + (-y) = -(x + y)$$

III. कुछ संपूर्ण संख्याओं के लिए योग सारणी

x + y

x \ y	0	1	2	3	4	5	6	7	8	9
0	0	1	2	3	4	5	6	7	8	9
1	1	2	3	4	5	6	7	8	9	10
2	2	3	4	5	6	7	8	9	10	11
3	3	4	5	6	7	8	9	10	11	12
4	4	5	6	7	8	9	10	11	12	13
5	5	6	7	8	9	10	11	12	13	14
6	6	7	8	9	10	11	12	13	14	15
7	7	8	9	10	11	12	13	14	15	16
8	8	9	10	11	12	13	14	15	16	17
9	9	10	11	12	13	14	15	16	17	18

यह योग सारणी कंठस्थ होने से पूर्व विद्यार्थियों को योग करने के लिए उँगलियों की रेखाओं या गिनतारे की सहायता लेनी पड़ती है।

IV. एक से अधिक अंकों की संपूर्ण संख्याओं का योग—

परंपरागत विधि : सर्वप्रथम पहली संख्या के नीचे दूसरी संख्या इस प्रकार रखते हैं कि हर स्थान के संगत अंक क्रम से हों। अब इकाई के अंकों का योग ज्ञात करके प्राप्त संख्या के इकाई के अंक को इकाई के अंक के नीचे रखते हैं। इकाई के अंक रहित संख्या को हासिल के रूप में लेकर दोनों संख्याओं के दहाई के अंकों के साथ जोड़ते हैं। प्राप्त संख्या के इकाई के अंक को संख्याओं के दहाई के अंक के नीचे रखते हैं। इकाई के अंक रहित प्राप्त संख्या को हासिल के रूप में लेकर दोनों संख्याओं के सैकड़े के अंकों के साथ जोड़ते हैं। इसी प्रकार क्रिया करने के उपरांत अंत में प्राप्त संख्या को यथावत् रख देते हैं। यह अभीष्ट योग होगा।

उदाहरण : 56354 का 8450 से योग करो।

हल :

```
 56354
  8450
 -----
 64804
```

(i) 4 तथा 0 का योग 4, 4 को इकाई के अंक के नीचे रखा। हासिल कुछ नहीं रहा।

(ii) दी हुई संख्याओं के दहाई के अंकों का योग करने पर 5 + 5 = 10, 0 को दहाई के अंक के नीचे रखा तथा हासिल 1 रहा।

(iii) 1 को सैकड़े के अंकों के साथ योग करने पर 1 + 3 + 4 = 8, 8 को सैकड़े के अंक के नीचे रखा तथा हासिल कुछ नहीं।

(iv) हजार के अंकों का योग करने पर 6 + 8 = 14, 4 को हजार के अंक के नीचे रखा तथा हासिल 1 रहा।

(v) 1 को दस हजार के अंकों के साथ योग करने पर 1 + 5 = 6, 6 को यथावत् दस हजार के अंक के नीचे रखा। प्राप्त योग 64804

दोष—इस विधि में दोष यह है कि दो से अधिक संख्याओं का योग एक साथ करने पर बड़ी संख्याएँ आती हैं तो योग की क्रिया जटिल हो जाती है और गणना में भूल के कारण त्रुटि हो सकती है। यथा—

```
  89789
  76987
+ 97686
+ 68978
+  5327
+ 82435
+ 31280
+ 43382
+ 89987
+ 78866
-------
```

इकाई के अंक में 9 और 7 के साथ योग करने पर 16, अब 16 का 6 के साथ योग करने पर 22 तथा 22 का 8 के साथ योग करने पर 30 इत्यादि। इस प्रकार योग में बड़ी संख्याएँ प्रयुक्त हो रही हैं तथा भूल की संभावना है। विशेषकर भूल संख्याओं के स्मरण रखने में हो जाती है।

V. पूर्ण संख्याओं के योग की वैदिक विधि (उपसूत्र 'शुद्धः')—

इस विधि में पहले इकाई के अंकों का योग करना प्रारंभ करेंगे। जैसे ही योग 9 से अधिक होता है तब जोड़े गए अंक के बाईं ओर के अंक के ऊपर एकाधिक चिह्न (˙) लगा देंगे, जो उस अंक को पहले से एक अधिक कर देगा। वास्तव में यहाँ वैदिक सूत्र 'एकाधिकेन पूर्वेण' का प्रयोग हो रहा है। यदि बाईं ओर अंक नहीं है तो शून्य मानकर एकाधिक चिह्न (˙) का प्रयोग करेंगे।

अब इकाई के अंक को शुद्ध मान के रूप में लेकर योग क्रिया आगे बढ़ाएँगे। क्रिया इसी प्रकार चालू रखेंगे तथा अंत में प्राप्त योग इकाई अंक के नीचे लिखेंगे। यही क्रिया दहाई, सैकड़े इत्यादि अंकों के लिए करते हुए योग प्राप्त कर लेंगे।

उदाहरण—1325, 214, 381 तथा 853 का योग करो।

हल—

$$
\begin{array}{r}
1325 \\
214 \\
\dot{3}\dot{8}1 \\
\dot{0}853 \\
\hline
2773 \\
\hline
\end{array}
$$

पहली संख्या के इकाई के अंक 5 के साथ दूसरी संख्या के इकाई के अंक 4 का योग करने पर 9 प्राप्त हुआ, जिसके साथ अगली संख्या के इकाई के अंक 1 का योग करने पर 10 प्राप्त हुआ, जो 9 से अधिक है। अतः तीसरी संख्या 1 के बाईं ओर के अंक 8 के ऊपर एकाधिक चिह्न (˙) लगाया। अब 10 के इकाई के अंक 0 को शुद्ध मान के रूप में लेकर अगली संख्या के इकाई के अंक 3 के साथ योग करेंगे, जो कि 3 आता है। अतः इकाई की संख्याओं के नीचे योग में 3 लिखा जाएगा।

अब दहाई के अंकों पर आते हैं। पहली संख्या के दहाई के अंक 2 के साथ दूसरी संख्या के दहाई के अंक 1 का योग करने पर 3 प्राप्त हुआ। 3 से तीसरी संख्या के दहाई के अंक $\dot{8}$ (9) का योग करने पर 12 प्राप्त हुआ, जो 9 से अधिक है। अतः तीसरी संख्या के दहाई के अंक के बाईं ओर के अंक 3 के ऊपर (˙) चिह्न अंकित किया। अब 12 के इकाई के अंक 2 के साथ अगली संख्या के दहाई के अंक 5 का योग करने पर 7 प्राप्त हुआ। 7 को दहाई के अंक के नीचे लिख देंगे।

अब सैकड़े के अंकों पर आते हैं। पहली संख्या के सैकड़े के अंक 3 का दूसरी संख्या के सैकड़े के अंक 2 का योग किया, जो 5 आया। अब 5 के साथ तीसरी संख्या के सैकड़े के अंक $\dot{3}$ (4) का योग किया, जो कि 9 आया। 9 के साथ अंतिम संख्या के सैकड़े के अंक 8 का योग करने पर 17 प्राप्त हुआ, जो कि 9 से अधिक है। अतः अंतिम संख्या में सैकड़े की संख्या के बाईं ओर अंक की अनुपस्थिति में 0 लिखकर उसके ऊपर (˙) चिह्न लगा देंगे। योग की पंक्ति में सैकड़े के अंक के नीचे 7 लिखेंगे।

अब हजार के अंकों का योग 2 आता है। अतः योग की पंक्ति में हज़ार के अंक के नीचे 2 लिखेंगे। इस प्रकार योगफल 2773 प्राप्त हुआ।

टिप्पणी : ध्यान रहे, अंक के ऊपर बिंदु का चिह्न वास्तव में हासिल का 1 है, जो संख्याओं का योग करते समय प्रकट होता है। ❑

अध्याय 4

व्यवकलन (घटाना)

I. पूर्ण संख्याओं का व्यवकलन (घटाना)—

धनात्मक पूर्ण संख्याओं अर्थात प्राकृतिक संख्याओं का व्यवकलन या घटाने की प्रक्रिया एक न्यून करते जाने की प्रक्रिया है। 8 में से 3 घटाने का अर्थ होगा 8 में से 3 बार 1 न्यून किया जाए।

8 से प्रथम बार 1 न्यून करने पर 7, द्वितीय बार 1 न्यून करने पर 6 तथा तृतीय बार 1 न्यून करने पर 5 प्राप्त होता है। परंतु प्रश्न यह उठता है कि 8 से (−3) घटाने पर क्या प्राप्त होगा?

पूर्ण संख्याओं के व्यवकलन को हम इस प्रकार परिभाषित करेंगे—

'पूर्ण संख्या x से पूर्ण संख्या y के व्यवकलन करने पर प्राप्त संख्या $x-y$ से तात्पर्य उस संख्या से है, जिसमें y का योग करने पर संख्या x प्राप्त होती है।' अत: $8-(-3)$ का अर्थ एक ऐसी संख्या से है, जिसमें −3 जोड़ने पर 8 प्राप्त होता है। अर्थात् 3 न्यून करने पर 8 प्राप्त होता है।

वह संख्या हमें 8 के साथ 3 का योग करने पर प्राप्त होती है।

$$8 - (-3) = 8 + 3$$
$$= 11$$

यदि x तथा y दो संपूर्ण संख्याएँ हैं तो दिखाया जा सकता है—

(i) $(-x) - y = -(x + y)$

(ii) $(-x) - (-y) = y - x$

(iii) $x - (-y) = x + y$

पूर्वोक्त तीनों सूत्र पूर्ण संख्याओं के व्यवकलन में हमारे लिए सहायक सिद्ध होते हैं।

II. कुछ संपूर्ण संख्याओं के लिए व्यवकलन सारणी—

X-Y

x \ y	0	1	2	3	4	5	6	7	8	9
0	0	−1	−2	−3	−4	−5	−6	−7	−8	−9
1	1	0	−1	−2	−3	−4	−5	−6	−7	−8
2	2	1	0	−1	−2	−3	−4	−5	−6	−7
3	3	2	1	0	−1	−2	−3	−4	−5	−6
4	4	3	2	1	0	−1	−2	−3	−4	−5
5	5	4	3	2	1	0	−1	−2	−3	−4
6	6	5	4	3	2	1	0	−1	−2	−3
7	7	6	5	4	3	2	1	0	−1	−2
8	8	7	6	5	4	3	2	1	0	−1
9	9	8	7	6	5	4	3	2	1	0

III. संपूर्ण संख्याओं के व्यवकलन की वैदिक विधियाँ—

दो या दो से अधिक अंकों की संपूर्ण संख्याओं के व्यवकलन से संबंधित वैदिक विधियों पर हम अब चर्चा करेंगे।

(i) प्रथम विधि—पहली विधि 'एकन्यूनेन पूर्वेण' सूत्र पर आधारित है। इस विधि को स्पष्ट करने हेतु हम उदाहरण की सहायता लेंगे। माना 318 में से 263 घटाना है।

– सर्वप्रथम पहली संख्या के नीचे दूसरी संख्या अंकों के स्थानों के क्रम को ध्यान में रखते हुए रखी।

$$\begin{array}{r} \dot{3}18 \\ -\ 263 \\ \hline 055 \\ \hline \end{array}$$

इकाई के अंक 8 में से 3 घटाकर प्राप्त 5 को क्षैतिज रेखा के नीचे इकाई के स्थान पर रखा। अब पहली संख्या के दहाई के अंक 1 से दूसरी संख्या का दहाई का अंक 6 घटाना है; परंतु 1, 6 से छोटा है, अतः 1 से 6 घटाने

के लिए हासिल की आवश्यकता पड़ेगी। इसके परिणामस्वरूप 1 के बाईं ओर के अंक 3 को एकन्यून करेंगे तथा 11 से 6 घटाएँगे। इस प्रकार प्राप्त संख्या 5 को क्षैतिज रेखा के नीचे दहाई के स्थान पर रखेंगे। अंक 3 को न्यून करने के लिए मिटाने या काटने की आवश्यकता नहीं होती, बस अंक के नीचे बिंदु लगा देंगे।

अब पहली संख्या के सैकड़े के अंक एकन्यूनीकृत तीन (3̣) अर्थात् 2 से दूसरी संख्या के सैकड़े के अंक 2 को घटाएँगे। हमें शून्य प्राप्त होता है। क्षैतिज रेखा के नीचे सैकड़े के स्थान पर शून्य लिख देंगे। इस प्रकार प्राप्त फल 55 हुआ।

(ii) द्वितीय विधि—इस विधि में हासिल लेते समय ऊपरवाली संख्या के बाईं ओर के अंक को एकन्यून करने के स्थान पर नीचे की संख्या के बाईं ओर के अंक को एकाधिक कर देते हैं। यहाँ पर वैदिक सूत्र 'एकाधिकेन पूर्वेण' कार्य करता है। उदाहरण के लिए उपर्युक्त प्रश्न को ही लेते हैं। हमें 318 में से 263 घटाना है। यहाँ पर हम हासिल लेने के बाद 6 के बाईं ओर के अंक 2 के ऊपर एकाधिक चिह्न (˙) लगा देंगे। इस प्रकार 3 में से 2˙ अर्थात् 3 घटाने पर शून्य आया।

$$\begin{array}{r} 318 \\ -\dot{2}63 \\ \hline 055 \\ \hline \end{array}$$

(iii) परम मित्र अंकों की सहायता से व्यवकलन—इस विधि को समझने से पूर्व पहले परम मित्र अंकों के बारे में जानकारी प्राप्त कर लेना आवश्यक है। परम मित्र अंकों के जोड़े इस प्रकार हैं—(1,9), (2,8), (3,7), (4,6) तथा (5,5)। इन अंकों के युग्मों की विशेषता यह है कि युग्म के अंकों का योग 10 है तथा प्रत्येक युग्म के दोनों अंकों की पूर्ण घात करने पर संख्याओं के इकाई के अंक या तो समान हैं या परम मित्र। यथा—

संख्या	वर्ग	घन	चतुर्थ घात
2	4	8	16
8	64	512	4096

उपर्युक्त उदाहरण में 2, 8 का योग 10 है (अर्थात् 10 के पूरक)। 2 का वर्ग 4 तथा 8 का वर्ग 64 है। इनके इकाई के अंक 4 समान हैं। 2 तथा 8

के घन 8 तथा 512 हैं। इनके इकाई के अंक क्रमश: 8 तथा 2 हैं, इनका योग 10 है, अत: ये परम मित्र हैं। इसी प्रकार इनकी चतुर्थ घात के इकाई के अंक 6 समान हैं।

परम मित्रों की विधि से व्यवकलन क्रिया में हम नीचे के अंक के ऊपर के अंक से बड़े होने की स्थिति में घटाने की क्रिया को परम मित्र के द्वारा योग क्रिया में बदल लेते हैं। हम इस स्थिति में नीचे के अंक के स्थान पर उसका परम मित्र रखकर ऊपरवाले अंक में जोड़ देते हैं तथा ऊपर की संख्या की बाईं ओर के अंक को एकन्यून कर देते हैं अथवा नीचेवाली संख्या के बाईं ओर के अंक को एकाधिक कर देते हैं और घटाने की प्रक्रिया पूर्ण करते हैं।

उदाहरण के लिए—

428 से 389 घटाना है।

सर्वप्रथम 428 के नीचे 389 विधिवत् रखा। अब ऊपर की संख्या का इकाई का अंक 8 नीचे की संख्या के इकाई के अंक 9 से छोटा है, अत: 8 में 9 का परम मित्र 1 जोड़कर रेखा के नीचे इकाई के स्थान पर 9 रख देंगे तथा ऊपर की संख्या के बाईं ओर के अंक 2 के नीचे एकन्यून चिह्न लगाएँ अथवा नीचे की संख्या के बाईं ओर की संख्या 8 पर एकाधिक चिह्न लगा देंगे।

पहली स्थिति	**दूसरी स्थिति**
$\underset{\cdot}{4}\underset{\cdot}{2}8$	428
$-\ 389$	$-\ \dot{3}\dot{8}9$
039	039

पुन: पहली संख्या का दहाई का अंक दोनों स्थितियों में दूसरी संख्या के दहाई के अंक से छोटा है, अत: प्रथम स्थिति में $\underset{\cdot}{2}$ (1) में 8 का परम मित्र 2 जोड़ेंगे तथा दूसरी स्थिति में 2 में $\dot{8}$ (9) का परम मित्र 1 जोड़ेंगे। दोनों ही स्थितियों में हमें 3 प्राप्त होता है, जिसे क्षैतिज रेखा के नीचे दहाई के स्थान पर रखेंगे। अब पहली स्थिति में ऊपर की संख्या के बाईं ओर के अंक 4 के नीचे एकन्यून चिह्न लगाएँगे अथवा दूसरी स्थिति में नीचेवाली संख्या के बाईं ओर के अंक 3 के ऊपर एकाधिक चिह्न लगाएँगे। अब सैकड़े के अंक के लिए व्यवकलन क्रिया करने पर दोनों स्थितियों में इस स्थान के लिए अंक 0 प्राप्त होता है तथा अभीष्ट फल 39 मिला।

इस विधि का दूसरा स्वरूप इस प्रकार है : सर्वप्रथम व्यवकलन की

जानेवाली संख्या को उस संख्या के नीचे रखेंगे, जिसमें से व्यवकलन किया जाना है तथा यह ध्यान रखेंगे कि इकाई का अंक इकाई के नीचे, दहाई का अंक दहाई के नीचे, सैकड़े का अंक सैकड़े के नीचे तथा इसी प्रकार अन्य अंक क्रम से आएँ। नीचे की संख्या का कोई अंक यदि ऊपर की संख्या के संगत अंक से बड़ा है तो उसके बाएँवाले अंक के ऊपर एकाधिक चिह्न (˙) अंकित करेंगे। यह क्रिया दाएँ से प्रारंभ करके बाएँ समाप्त करेंगे। अब एकाधिक अंकों के दाहिनी ओरवाले अगले अंक को 10 के पूरक अंकों (अर्थात् परम मित्र अंकों) में बदलकर उनके ऊपर (–) ऋण का चिह्न लगा देते हैं। अब व्यवकलन क्रिया संपन्न करते हैं। इस क्रिया में ऋण चिह्न अंकित अंक घटाते समय ऊपर के अंक में जुड़ जाते हैं। चूँकि क्रिया मौखिक ही की जानी है, अतः वही पहले वाली बात आ जाती है।

$$\begin{array}{r} 428 \\ \dot{3}\dot{8}9 \end{array} \qquad \begin{array}{r} 428 \\ -\ \dot{3}\bar{1}\bar{1} \\ \hline 039 \end{array}$$

(iv) व्यवकलन तथा 'निखिलं नवतः' सूत्र का प्रयोग—

10 के किसी घात अर्थात् 10, 100, 1000, 10000 आदि गें से कोई प्राकृतिक संख्या घटाना इस सूत्र के द्वारा बहुत सरल हो जाता है। 'निखिलं नवतश्चरमं दशतः' का अर्थ है सबको 9 से तथा एकदम अंतिम (दाहिने अंक) को 10 में से घटाएँ। इस कार्य हेतु संख्या से पूर्व आवश्यक शून्य बढ़ाकर अंकों की संख्या पहली संख्या के शून्यों की संख्या के समान बना ली जाती है, फिर सूत्र का प्रयोग कर व्यवकलन क्रिया की जाती है।

यथा

$$10000 - 342 = \begin{array}{r} 10000 \\ -\ 0342 \\ \hline 9658 \end{array}$$

स्पष्टीकरण : 10000 में चार शून्य हैं, अतः 342 से पूर्व एक शून्य बढ़ाकर चार अंक की संख्या 0342 बना ली।

0 को 9 से घटाने पर 9

3 को 9 से घटाने पर 6

4 को 9 से घटाने पर 5

2 को 10 से घटाने पर 8

अभीष्ट फल 9658

उपर्युक्त सूत्र के प्रयोग के द्वारा व्यवकलन के प्रश्नों को योग के प्रश्नों में बदलकर आसानी से हल किया जा सकता है। घटाई जानेवाली संख्या तथा आगेवाली 10 की घातवाली संख्या का अंतर 'निखिलं नवतः' सूत्र के द्वारा ज्ञात करके इसे पहली संख्या के नीचे रखते हैं। पहली संख्या के दूसरी संख्या से एकदम बाईं ओर के अंक को एकन्यून करके उसमें नीचे की संख्या को जोड़ देते हैं।

यथा : 23731 में से 874 घटाएँ।

हल : 874 से अगली 10 की घातवाली संख्या 1000 है। 'निखिलं नवतः' सूत्र से 874 का पूरक 126 प्राप्त हुआ। अब 23731 के नीचे 126 को विधिवत् यथास्थान रखा।

$$\begin{array}{r} 2\underset{\cdot}{3}731 \\ 126 \\ \hline 22857 \\ \hline \end{array}$$

ऊपर की संख्या के नीचेवाली संख्या से एकदम बाएँवाले अंक 3 को एक न्यून कर दिया, फिर योग क्रिया संपन्न की। अभीष्ट व्यवकलन फल इस योगफल 22857 के समान है।

IV. शिरोरेखायुक्त संख्याएँ—

अर्थ :

जिन संख्याओं में ऋणात्मक तथा धनात्मक दोनों प्रकार के अंकों का प्रयोग हो उन्हें शिरोरेखायुक्त संख्या कहते हैं। शिरोरेखायुक्त संख्याओं में किसी संख्या के 5 या 5 से बड़े अंकों को सामान्यतः संख्यात्मक दृष्टि से छोटे अंकों के रूप में परिवर्तित करके लिखा जा सकता है। ऐसा करने से सभी प्रकार की क्रियाएँ; यथा—योग, व्यवकलन, गुणन एवं भाग सरल हो जाती हैं।

सर्वप्रथम 'विलोकनम्' उपसूत्र से अर्थात् देखकर बड़े अंकों के समूहों को चुनते हैं। इसके उपरांत 'निखिलं नवतश्चरमं दशतः' (प्रत्येक अंक को 9 में से तथा अंतिम दाहिने अंक को 10 में से घटाकर) सूत्र का प्रयोग कर प्रत्येक समूह के पूरक प्राप्त कर उन्हें रेखांकित (ऋणात्मक) अंकों के रूप में लिखते हैं तथा समूह या समूहों के बाईं ओर के अंक को 'एकाधिकेन पूर्वेण' सूत्र के प्रयोग द्वारा एकाधिक कर देते हैं। यह कार्य दाएँ से बाएँ क्रमशः किया जाता है।

उदाहरण (1) : 27385 को शिरोरेखायुक्त संख्या के रूप में परिवर्तित करके लिखो।

हल : यहाँ पर 5 या 5 से बड़े अंक या अंकों का समूह 7 तथा 85 हैं। 7 तथा 85 के लिए 'निखिलं' सूत्र के द्वारा इनके पूरक 3 तथा 15 प्राप्त हुए।

अब हम 85 के स्थान पर $\bar{1}\bar{5}$ लिखेंगे तथा 85 के बाईं ओर के अंक 3 को एकाधिक अर्थात् 4 कर देंगे। इसी प्रकार 7 के स्थान पर $\bar{3}$ तथा इसके बाईं ओर के अंक 2 को एकाधिक अर्थात् 3 कर देंगे।

इस प्रकार 27385 का शिरोरेखा स्वरूप $3\bar{3}4\bar{1}\bar{5}$ प्राप्त हुआ।

उदाहरण (2) : 3948 को शिरोरेखायुक्त संख्या के रूप में परवर्तित करो।

हल : इकाई का अंक 8 है, अतः 8 के स्थान पर ऋण चिह्न (–) के साथ 8 का रेखांकित पूरक $\bar{2}$ लिखेंगे। दहाई के अंक 4 के स्थान पर एकाधिक करके 5 लिखेंगे, परंतु 5 बड़ा अंक होने के कारण 5 के स्थान पर ऋण चिह्न के साथ 5 का रेखांकित पूरक $\bar{5}$ होगा तथा सैकड़े के स्थान पर 9 का एकाधिक 10 हो जाएगा। परंतु 10 बड़ा अंक है, अतः इसके स्थान पर ऋणचिह्न युक्त 10 का पूरक $\bar{0}$ लिखा जाएगा। अंत में हजार के स्थान पर 3 का एकाधिक 4 हो जाएगा।

अतः 3948 का शिरोरेखा स्वरूप $40\bar{5}\bar{2}$ होगा।

शिरोरेखायुक्त संख्याओं को मूल संख्या में बदलना—इस कार्य हेतु शिरोरेखायुक्त संख्याओं में ऋणात्मक अंकों के स्थान पर उनके पूरक रखेंगे तथा उनसे अगले स्थान के अंक को 'एकन्यूनेन पूर्वेण' सूत्र के अनुसार 1 कम करके लिखेंगे।

यथा : $1\,\bar{2}\,2\,\bar{4}$ को मूल संख्या में बदलने हेतु इकाई के अंक के स्थान पर 4 का पूरक 6 रखेंगे। दहाई के अंक 2 को 1 कम करके उसके स्थान पर 1 रखेंगे। सैकड़े के अंक के स्थान पर 2 का पूरक 8 लिखेंगे तथा हजार के अंक 1 के स्थान पर इससे 1 न्यून कर 0 लिखेंगे अथवा रिक्त रहने देंगे। अतः मूल संख्या 816 होगी।

वैसे भी $1\,\bar{2}\,2\,\bar{4} = 1020-204 = 816$

$3\bar{7}\bar{3}\bar{1}$ के प्रकरण में 'निखिलम्' सूत्र से 731 का पूरक 269 लिखकर बाएँ के अंक 3 को 1 न्यून करके 269 के बाएँ लिख देंगे। अतः $3\bar{7}\bar{3}\bar{1} = 2269$

शिरोरेखायुक्त संख्याओं के द्वारा योग—पूर्णांक 1325, 214, 381 तथा 853 के योग को हम परंपरागत तथा शिरोरेखायुक्त संख्याओं के माध्यम से अलग-अलग हल करके देखते हैं—

परंपरागत रीति द्वारा	**शिरोरेखायुक्त संख्याओं के द्वारा**
1325	1335
+ 214	+ 214
+ 381	+ $4\bar{2}1$
+ 853	+ $1\bar{1}\bar{5}3$
2773	$28\bar{3}3$

अर्थात् 2773

शिरोरेखायुक्त संख्याओं के द्वारा व्यवकलन— 3251 से 982 को परंपरागत तथा शिरोरेखायुक्त संख्याओं के माध्यम से अलग-अलग व्यवकलित करते हैं—

परंपरागत रीति से	**शिरोरेखायुक्त संख्याओं द्वारा**
3251	$33\bar{5}1$
- 982	- $10\bar{2}2$
2269	$23\bar{3}\bar{1}$ अर्थात् 2269

यहाँ इकाई से इकाई का अंक घटाएँगे। संख्या ऋणात्मक आने पर (-) चिह्न उसके ऊपर लगाएँगे। इसी प्रकार दहाई से दहाई का अंक तथा सैकड़े से सैकड़े का अंक इत्यादि। इस प्रकार प्राप्त शिरोरेखायुक्त संख्या से मूल संख्या प्राप्त कर अभीष्ट उत्तर ज्ञात करते हैं।

व्यवकलन क्रिया को योग रीति से भी संपन्न किया जा सकता है। जैसे—उपर्युक्त उदाहरण के प्रकरण में—

$3251-982 = 3251+\bar{9}\bar{8}\bar{2}$

$= 3\bar{7}\bar{3}\bar{1}$ अर्थात् 2269

विकल्पत: $3251-982 = 3251+\bar{1}018$ (निखिलम् सूत्र से)

$= 2269$

इस प्रकार से योग तथा व्यवकलन के मिश्रित प्रश्न योग के रूप में परिवर्तित कर हल किए जा सकते हैं।

यथा— 2392-1937-832+3182+1027 को सरल करो।

हल :

$$
\begin{array}{rr}
 & 2392 \\
+ & \dot{\bar{1}}8\dot{0}63 \\
+ & \bar{1}\dot{1}\dot{6}8 \\
+ & 3\dot{1}82 \\
+ & 10\dot{2}7 \\
\hline
 & 3832 \\
\hline
\end{array}
$$

V. योगफल की जाँच :

(i) नवांक परीक्षण—

योगफल की जाँच के लिए जो विधि काम में आती है उसे नवांक परीक्षण कहते हैं। यह विधि प्राचीन है। नवांक से तात्पर्य संख्या में 9 से भाग देने पर प्राप्त शेषफल से है। इसको प्राप्त करने का आसान तरीका संख्या के अंकों का योग करके है। यदि योग 9 से अधिक आता है तो क्रिया तब तक दुहराई जाती है जब तक कि योग 9 से कम न प्राप्त हो जाए।

नवांक शीघ्रता से प्राप्त करने के लिए प्रति दो संख्याओं के योग का नवांक साथ-ही-साथ ज्ञात करते चलते हैं और 9 के स्थान पर 0 ग्रहण करते हैं। 2773 का नवांक ज्ञात करते समय—

2 + 7 = 9 नवांक 0
0 + 7 = 7 नवांक 7
7 + 3 = 10 नवांक 1

अत: 2773 का नवांक 1 होगा।

'योग की जानेवाली संख्याओं के नवांकों का नवांक योग योगफल के नवांक के समान होता है।'

अन्यथा योगफल त्रुटिपूर्ण है।

परीक्षण के लिए हम संख्याओं—1325, 214, 381 तथा 853 के योगफल 2773 को लेते हैं।

1325	का नवांक = 1 + 3 + 2 + 5 = 11 का नवांक	= 2
214	का नवांक = 2 + 1 + 4	= 7
381	का नवांक = 3 + 8 + 1 = 12 का नवांक	= 3
853	का नवांक = 8 + 5 + 3 = 16 का नवांक	= 7
2773		19

2773 का नवांक = 2 + 7 + 7 + 3 = 19 का नवांक = 1

अतः योग की जानेवाली संख्याओं के नवांकों का नवांक योग 1 है, जो संख्याओं के योगफल के नवांक 1 के समान है। अतः योगफल सही है।

परीक्षण का प्रतिलोम हर स्थिति में सही नहीं हो सकता। जैसे 51 + 18 = 96, नवांक परीक्षण से यह गलत सिद्ध नहीं होता। यहाँ पर योगफल के अंकों का क्रम बदला हुआ है। नवांक परीक्षण के दोष को दूर करने हेतु एकादशांक परीक्षण भी किया जाता है।

(ii) एकादशांक परीक्षण—एकादशांक का अर्थ है संख्या को ग्यारह से भाग देने पर प्राप्त शेषफल। इसे प्राप्त करने की विधि इकाई का अंक - दहाई का अंक + सैकड़े का अंक - हजार का अंक + ... अर्थात् दाएँ से बाएँ अंकों को क्रम से धन तथा ऋण चिह्न के साथ एकांतर क्रम में लेकर योग किया जाता है। जैसे 5632 का एकादशांक 2 - 3 + 6 - 5 = 0 होगा।

51 का एकादशांक 1 - 5 = -4 अर्थात् 11 - 4 = 7 होगा।

'एकादशांक परीक्षण में योग की जानेवाली संख्याओं के एकादशांकों का एकादशांक योग योगफल के एकादशांक के समान होता है।' अन्यथा योग त्रुटिपूर्ण है।

उदाहरण के लिए, हम 51 तथा 18 के योगफल 96 का परीक्षण करते हैं।

51 का एकादशांक = 1 - 5 = -4 अर्थात् 11 - 4 = 7

18 का एकादशांक = 8 - 1 = 7

संख्याओं के एकादशांकों का एकादशांक योग—

= 7 + 7 का एकादशांक

= 14 का एकादशांक

= 4 - 1

= 3

96 का एकादशांक = 6 - 9

= -3 अर्थात् 11 - 3 = 8

$3 \neq 8$

अतः योगफल त्रुटिपूर्ण है।

वास्तव में 51 तथा 18 का योगफल 69 है।

69 का एकादशांक = 9 - 6

= 3

VI. व्यवकलन फल का परीक्षण :

यह देखने के लिए कि हमारे द्वारा की गई व्यवकलन क्रिया सही है, हम उपर्युक्त दोनों परीक्षण नवांक परीक्षण तथा एकदशांक परीक्षण करते हैं।

(i) **नवांक परीक्षण :** घटाई जानेवाली संख्या तथा व्यवकलन फल संख्या के नवांकों का नवांक योग प्रथम संख्या के नवांक के समान होता है।

(ii) **एकादशांक परीक्षण :** घटाई जानेवाली संख्या तथा व्यवकलन फल संख्या के एकादशांकों का एकादशांक योग प्रथम संख्या के एकादशांक के समान होता है। यथा :

839 - 122 = 717

839 का नवांक 2

122 का नवांक 5

717 का नवांक 6

122 तथा 717 के नवांकों का नवांक योग = 5 + 6 = 11 का नवांक

= 2

= 839 का नवांक

व्यवकलन फल सही है।

839 का एकादशांक 3, 122 का एकादशांक 1,

तथा 717 का एकादशांक 2

1 + 2 = 3, अतः व्यवकलन फल सही है।

❑

अध्याय 5

गुणन

I. पूर्ण संख्याओं का गुणन :

पूर्ण संख्याओं की गुणन संक्रिया (×) को परिभाषित करने से पूर्व हम प्राकृतिक संख्याओं की गुणन संक्रिया परिभाषित करेंगे।

प्राकृतिक संख्याओं का गुणन— m तथा n दो प्राकृतिक संख्याएँ हैं तो

$$m \times n = m + m + m + \ldots\ldots n \text{ बार}$$

इस प्रकार $m \times 1 = m$

तथा $m \times (n + 1) = m \times n + m$

पूर्ण संख्याओं के लिए गुणन की संक्रिया को इसी प्रकार परिभाषित कर सकते हैं :

पूर्ण संख्याओं x तथा y के लिए

$$x \times 1 = x$$

तथा $x \times (y + 1) = x \times y + x$

m तथा n धन पूर्ण संख्याएँ तो

$$(-m) \times n = -m \times n$$

$$m \times (-n) = -m \times n,$$

तथा $(-m) \times (-n) = m \times n$

II. पूर्ण संख्याओं की गुणन संक्रिया के नियम—

(i) **परिवेष्टन नियम** : दो पूर्ण संख्याओं का गुणनफल एक पूर्ण संख्या होती है।

(ii) **क्रम विनिमेय नियम** : दो पूर्ण संख्याओं के बीच गुणन संक्रिया करने पर उनके क्रम से फल पर अंतर नहीं पड़ता अर्थात् पूर्ण संख्याओं m तथा n के लिए $m \times n = n \times m$

(iii) **साहचर्य नियम** : l, m तथा n तीन पूर्ण संख्याएँ तो $l \times (m \times n) = (l \times m) \times n$

(iv) **वितरण नियम** : पूर्ण संख्याओं के गुणन को योग पर वितरित किया जा सकता है, अर्थात् पूर्ण संख्याओं l, m तथा n के लिए $l \times (m + n) = l \times m + l \times n$

(v) **गुणन तत्समक** : पूर्ण संख्या 1 गुणन तत्समक है, अर्थात् 1 का किसी भी पूर्ण संख्या में गुणा करने पर वही पूर्ण संख्या प्राप्त होती है।

(vi) **नरसन नियम** : l तथा m कोई दो पूर्ण संख्याएँ हैं तथा n अशून्य पूर्ण संख्या है तथा $l \times n = m \times n$ तो $l = m$

III. कुछ संपूर्ण संख्याओं के लिए गुणन सारणी :

X × Y

x \ y	0	1	2	3	4	5	6	7	8	9
0	0	0	0	0	0	0	0	0	0	0
1	0	1	2	3	4	5	6	7	8	9
2	0	2	4	6	8	10	12	14	16	18
3	0	3	6	9	12	15	18	21	24	27
4	0	4	8	12	16	20	24	28	32	36
5	0	5	10	15	20	25	30	35	40	45
6	0	6	12	18	24	30	36	42	48	54
7	0	7	14	21	28	35	42	49	56	63
8	0	8	16	24	32	40	48	56	64	72
9	0	9	18	27	36	45	54	63	72	81

IV. एक से अधिक अंकों की संपूर्ण संख्याओं का गुणन :

विश्व-भर में प्रचलित गुणा करने की रीति वैदिक है, जिसे 'गौ मूत्रिका विधि' कहा गया है। संपूर्ण वैदिक गणित में और भी अनेक गुणा करने की विधियाँ हैं, जिनके द्वारा गुणन की क्रिया अत्यंत सरल, शीघ्र, रोचक तथा आसानी से समझ में आने वाली होती है। श्रीधर ने चार विधियों का वर्णन किया है—(i) कपाट संधि, (ii) तस्थ, (iii) रूप विभाग तथा (iv) स्थान विभाग।

ब्रह्मगुप्त ने गुणन की चार विधियों का वर्णन किया है। महावीर ने पाँच विधियाँ दी हैं; परंतु ये विधियाँ वैदिक विधियों से भिन्न हैं। गणेश ने अपनी लीलावती टीका में गुणन की एक विधि दी है, जो वैदिक सूत्र 'ऊर्ध्व तिर्यग्भ्याम्' पर आधारित है। वैदिक गणित में 'ऊर्ध्वतिर्यग्भ्याम्' विधि के अलावा एक अन्य विधि दी गई है, जिसे 'विचलन विधि' कहते हैं। सर्वप्रथम हम विचलन विधि को लेते हैं; ऊर्ध्वतिर्यग्भ्याम् विधि को उसके बाद लेंगे।

(1) विचलन विधि—

इस विधि में गुणक तथा गुण्य में से एक के अधिक निकट आधार संख्या का चुनाव कर उससे विचलन ज्ञात करके गुणन क्रिया की जाती है।

इस विधि के दो प्रकार हैं—

(क) जब दोनों आधार 10, 100, 1000 .... में से कोई संख्या है।

(ख) जब दोनों आधार 10, 100, 1000 .... में से किसी संख्या का कोई गुणज है।

विचलन—दी हुई संख्या में से आधार के घटाने पर प्राप्त राशि आधार से विचलन कहलाती है। इस राशि के चिह्न के आधार पर विचलन के दो प्रकार हैं—(i) ऋणात्मक विचलन, (ii) धनात्मक विचलन।

(क) गुणन की विचलन विधि जब आधार संख्या 10 का कोई घात रूप है —

गुणक तथा गुण्य को ऊपर-नीचे लिखते हैं। इनके सम्मुख इनके आधार से विचलन चिह्न सहित रखते हैं। विचलनों के गुणनफल में से आधार के शून्यों की संख्या के बराबर अंक दाहिनी ओर से गिनकर विचलन के नीचे रखते हैं। बचे अंकों को हासिल के रूप में ग्रहण करते हैं। यदि अंकों की संख्या कम हो तो बाईं ओर आवश्यक शून्य बढ़ा देते हैं। बाएँ भाग को प्राप्त करने के लिए चार विधियों में से किसी एक का अनुसरण कर सकते हैं।

(i) गुण्य तथा गुणक के योग से आधार को घटाते हैं।

(ii) आधार में विचलनों के योग को जोड़ देते हैं।

(iii) गुण्य में गुणक के आधार से विचलन को जोड़ देते हैं।

(iv) गुण्य के आधार से विचलन में गुणक को जोड़ देते हैं।

बाएँ भाग में हासिल को जोड़कर द्विखंडीय गुणनफल प्राप्त हो जाता है।

उदाहरण (1) : 9×8 का मान ज्ञात करो।

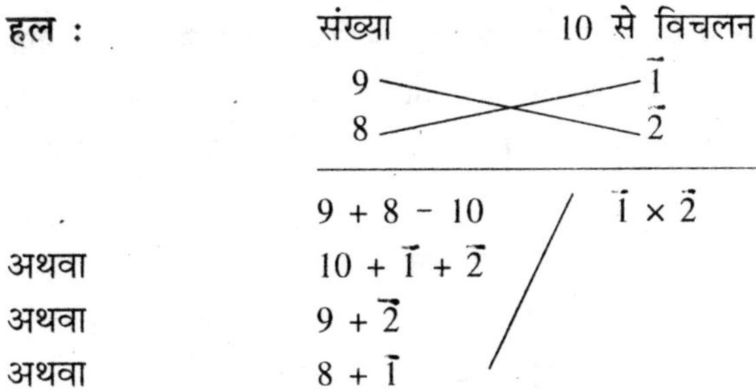

अभीष्ट गुणनफल 7/2 अर्थात् 72

स्पष्टीकरण : यहाँ 9 में 8 का गुणा करना है। 9 के नीचे 8 लिखा। 9 तथा 8 का 10 से विचलन 'निखिलम्' सूत्र से ज्ञात कर ऋणात्मक चिह्न ऊपर लगाकर क्रमशः गुण्य तथा गुणक के सम्मुख लिखे।

विचलन $\bar{1}$ तथा $\bar{2}$ का गुणनफल 2 है। चूँकि आधार 10 है, जिसमें एक शून्य है। अतः $\bar{1} \times \bar{2}$ का गुणनफल एक अंकीय लिखा जाएगा, जो कि यहाँ पर 2 है। हासिल कुछ नहीं होगा।

2 के बाईं ओर 9 + 8 − 10 अथवा 10 + $\bar{1}$ + $\bar{2}$ अथवा 9 + $\bar{2}$ अथवा 8 + $\bar{1}$ जो कि प्रत्येक स्थिति में 7 है, लिखा जाएगा। इस प्रकार गुणनफल 72 हुआ।

उदाहरण (2) : 94×95 का मान ज्ञात करो।

हल :

संख्या	100 से विचलन
94	$\bar{6}$
95	$\bar{5}$

94 + 95 − 100	$\bar{6} \times \bar{5}$
या 100 + $\bar{6}$ + $\bar{5}$	
या 94 + $\bar{5}$	
या 95 + $\bar{6}$	

अर्थात् 89 / 30 दो अंक

अभीष्ट गुणनफल 8930

स्पष्टीकरण : यहाँ 94 में 95 का गुणा करना है। 94 के नीचे 95 लिखा। 94 तथा 95 के 100 से विचलन 'निखिलम्' सूत्र से ज्ञात कर ऋणात्मक चिह्न ऊपर लगाकर क्रमशः गुण्य तथा गुणक के सम्मुख लिखे।

विचलन $\bar{6}$ तथा $\bar{5}$ का गुणनफल 30 है। चूँकि आधार 100 है, जिसमें दो शून्य हैं, अतः $\bar{6} \times \bar{5}$ का गुणनफल 2 अंकीय लिखा जाएगा, जो कि 30 है। हासिल कुछ नहीं है। 30 के बाईं ओर 94 + 95 − 100 अथवा 100 + $\bar{5}$ + $\bar{6}$ अथवा 94 + $\bar{5}$ या 95 + $\bar{6}$ में से कोई क्रिया कर फल 89 लिखा। अतः अभीष्ट गुणनफल 8930 है।

उदाहरण (3) : 992 × 997 का मान ज्ञात करो।

हल :

संख्या	1000 से विचलन
992	$\bar{8}$
997	$\bar{3}$

992 + $\bar{3}$ / $\bar{8} \times \bar{3}$ (तीन अंक)

या 997 + $\bar{8}$ /

अर्थात् 989/024 (तीन अंक)

अभीष्ट गुणनफल 989024

स्पष्टीकरण : यहाँ 992 में 997 से गुणा करना है। 992 के नीचे 997 लिखा। इन संख्याओं के सम्मुख इनके 1000 से विचलन 'निखिलम्' सूत्र द्वारा ज्ञात कर ऋणात्मक चिह्न के साथ लिखते हैं। विचलन $\bar{8}$ तथा $\bar{3}$ का गुणनफल 24 होगा। चूँकि आधार 1000 में तीन शून्य हैं, अतः $\bar{8} \times \bar{3}$ का गुणनफल 3 अंकीय लिखा जाएगा। इसके लिए 24 से पूर्व एक 0 लगाया जाएगा, अर्थात् 024 दाहिने भाग में लिखी जानेवाली संख्या होगी। इसके बाईं ओर 992 + $\bar{3}$ अथवा 997 + $\bar{8}$ किसी एक क्रिया द्वारा प्राप्त फल 989 लिखा जाएगा।

अभीष्ट गुणनफल = 989024

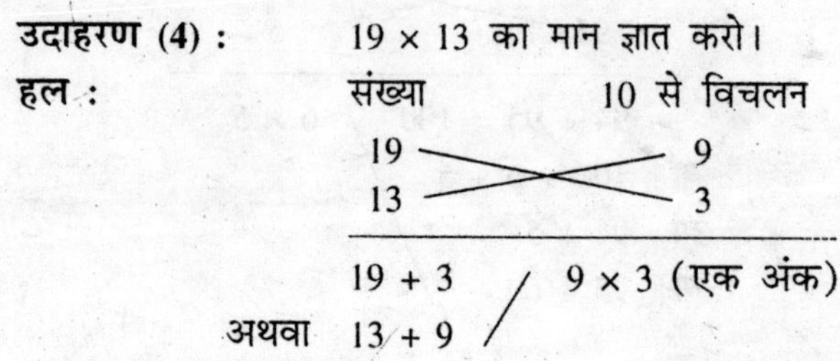

उदाहरण (4) : 19 × 13 का मान ज्ञात करो।

हल :

संख्या	10 से विचलन
19	9
13	3

19 + 3 / 9 × 3 (एक अंक)

अथवा 13 + 9 /

अर्थात् $22/_{2}7$ (एक अंक)

अभीष्ट गुणनफल 247

उदाहरण (5) : 113 × 104 का मान ज्ञात करो।

हल : संख्या 100 से विचलन

113 ╲╱ 13
104 ╱╲ 4

113 + 4 / 13 × 4 (दो अंक)

अथवा 104 + 13

अर्थात् 117 / 52 (दो अंक)

अभीष्ट गुणनफल 11752

उदाहरण (6) : 91 × 109 का मान ज्ञात करो।

हल : संख्या 100 से विचलन

91 ╲╱ $\bar{9}$
109 ╱╲ 9

91 + 9 / $\bar{9}$ × 9 (दो अंक)

अथवा 109 + $\bar{9}$

अर्थात् $100/\bar{8}\bar{1}$ (दो अंक)

अर्थात् 9919 (निखिलम् सूत्र के प्रयोग से)

अभीष्ट गुणनफल 9919

उदाहरण (7) : 85 × 108 का मान ज्ञात करो।

हल : संख्या 100 से विचलन

85 ╲╱ $\bar{1}\bar{5}$
108 ╱╲ 8

85 + 8 / $\bar{1}\bar{5}$ × 8 (दो अंक)

अथवा 108 + $\bar{1}\bar{5}$

अर्थात् $93/_{1}\bar{2}\bar{0}$ (दो अंक)

अर्थात् $92\bar{2}\bar{0}$

अर्थात् 9180

अभीष्ट गुणनफल 9180

(ख) गुणन की विचलन विधि जब आधार 10, 100, 1000....... आदि के गुणज के रूप में हो—

जब गुण्य और गुणक दोनों ही दस की घातवाले किसी भी आधार संख्या के पास नहीं हैं, हम किसी भी उपयुक्त आधार संख्या के किसी गुणज को क्रियात्मक आधार बना सकते हैं और सारी प्रक्रिया के बाद परिणामी वामपक्ष को उसी अनुपात से गुणा या भाग कर सकते हैं, जो अनुपात मूल आधार कामचलाऊ आधार से रखता है। यह विधि 'आनुरूप्येण' सूत्र पर आधारित है, जिसका अर्थ है 'आनुपातिक'।

सिद्धांत : आनुरूप्येण प्रक्रिया में दाहिने हिस्से के फल अछूते रहने के पीछे सिद्धांत निहित है। जब भाजक एक विशिष्ट अनुपात में बढ़ता है और भजनफल उसी अनुपात में कम होता है तब शेष नहीं बदलता। अतः इसे शेष कहते हैं (शिष्यते शेष संज्ञः)।

$$\frac{65}{2} = 32\frac{1}{2}, \quad \frac{65}{4} = 16\frac{1}{4}, \quad \frac{65}{8} = 8\frac{1}{8}, \quad \frac{65}{16} = 4\frac{1}{16}$$

यहाँ भाजक के आनुपातिक रूप में बढ़ जाने तथा भजनफ के उसी अनुपात में घटने के बाद शेष 1 ही है।

उदाहरण : 41 × 42 को सरल करो।

हल : संख्या — उपाधार 50 से विचलन (आधार 10)

41 ⟍⟋ 9 — उपाधार : आधार

42 ⟋⟍ 8 — : : 5 : 1

5 × (41 + 8) / 9 × 8 एक अंक

अर्थात् 165 / $_{7}2$

अर्थात् 1722

अभीष्ट गुणनफल 1722

(ग) दो से अधिक संख्याओं के गुणन के लिए विचलन विधि का व्यापीकरण :

गुणन की विचलन विधि आधार X के लिए

बीजगणितीय सूत्र $(X + \alpha)(X + \beta) = X(X + \alpha + \beta) + \alpha\beta$

अर्थात $(X + \alpha)(X + \beta) = (X + \alpha + \beta)X^{1} / \alpha\beta$

पर आधारित है। हम इस बीजगणितीय सूत्र के व्यापक रूप

$$(X + \alpha_1)\ (X + \alpha_2)\ (X + \alpha_3)..........(X + \alpha_n)$$
$$= X^n / X^{n-1}\ \Sigma\alpha_1 / X^{n-2}\ \Sigma\alpha_1\ \alpha_2/....../(\alpha_1\ \alpha_2\ \alpha_3.....\ \alpha_n)$$

का प्रयोग कर सकते हैं।

आधार 10 के लिए

$$(10 + \alpha_1)\ (10 + \alpha_2)\ (10 + \alpha_3).......(10 + \alpha_n)$$
$$= 10^n / 10^{n-1}\ \Sigma\alpha_1 / 10^{n-2} \Sigma\alpha_1\ \alpha_2/........\ /(\alpha_1\alpha_2\ \alpha_3.......\alpha_n)$$

आधार 100 के लिए

$$(100 + \alpha_1)\ (100 + \alpha_2)\ (100 + \alpha_3).........(100 + \alpha_n)$$
$$= 100^n / 100^{n-1}\ \Sigma\alpha_1 / 100^{n-2} \Sigma\alpha_1\ \alpha_2/......../\ (\alpha_1\ \alpha_2\ \alpha_3.......\alpha_n)$$ इत्यादि।

स्पष्टीकरण :

(i) प्रथम खंड में 1

(ii) द्वितीय खंड में विचलनों का योग।

(iii) तृतीय खंड में दो-दो विचलनों के गुणनफलों का योग।

(iv) चतुर्थ खंड में तीन-तीन विचलनों के गुणनफलों का योग।

इसी प्रकार आगे बढ़ते हुए अंतिम खंड में सभी विचलनों का गुणनफल।

उदाहरण (1) : 989 × 993 × 997 × 1002 को सरल करो।

हल :

संख्या	आधार से विचलन (आधार 1000)
989	-11
993	-7
997	-3
1002	2

[illegible]/-6 + 21 + 77 - 22 - 14 + 33/-231 + 154 + 66 + 42/- 462

(प्रत्येक खंड में तीन अंक)

अर्थात् 1/$_{\bar{1}}$981/ 089/031/ $_{\bar{1}}$538

अर्थात् 981 089 030 538

उदाहरण (2) : 41 × 43 × 39 × 38 को सरल करो।

हल :

संख्या	उपाधार 40 से विचलन
41	1
43	3
39	-1
38	-2

$4^4 / 4^3\ (-1) /\ 4^2\ (-2 + 3 - 3 + 2) /\ 4\ (-3\ -6 + 2 + 6) /\ 6$

अर्थात्	$256/_{6}\bar{4}/0\ /\ \bar{4}\ /\ 6$
अर्थात्	$250\ \bar{4}0\bar{4}\ 6$
अर्थात्	2495966
अभीष्ट गुणनफल	2495966

(2) ऊर्ध्वतिर्यग्भ्याम् विधि—

यह विधि सूत्र 'ऊर्ध्वतिर्यग्भ्याम्' पर आधारित है। ऊर्ध्व का अर्थ खड़ा तथा तिर्यक का अर्थ है तिरछा। इस विधि में गुणनफल की संख्या के अंकों को प्राप्त करने के लिए गुण्य और गुणक के अंकों को खड़ा और तिरछा गुणा करते हैं।

गुणनफल की संख्या में अंकों की अधिकतम संख्या गुण्य एवं गुणक संख्याओं में अंकों की संख्याओं के योग के समान होती है। सर्वप्रथम गुणक को गुण्य के नीचे इस प्रकार रखते हैं कि संगत अंक ऊपर-नीचे रहें।

इकाई का अंक प्राप्त करने हेतु गुण्य और गुणक के इकाई के अंकों को खड़ा गुणा करके इकाई का अंक इन अंकों के नीचे रखते हैं तथा बची हुई बाईं ओर की संख्या को हासिल के रूप में लेते हैं।

अब दहाई का अंक प्राप्त करने हेतु गुण्य तथा गुणक के इकाई तथा दहाई के अंकों का तिरछा गुणा करके योग करते हैं तथा उसमें हासिल जोड़ते हैं। प्राप्त संख्या का इकाई का अंक गुण्य तथा गुणक के दहाई के अंकों के नीचे रखते हैं तथा बची हुई बाईं ओर की संख्या को हासिल के रूप में लेते हैं।

अब सैकड़े का अंक प्राप्त करने हेतु गुण्य तथा गुणक के इकाई के अंकों को एक-दूसरे के सैकड़े के अंकों से तिरछा गुणा करते हैं, दहाई को दहाई के अंक से खड़ा गुणा करके सबको जोड़ते हैं तथा उसमें हासिल को और जोड़ देते हैं। प्राप्त संख्या के इकाई के अंक को सैकड़े के अंकों के नीचे रखते हैं, बाक़ी बाईं ओर की संख्या को हासिल के रूप में लेते हैं।

अब हजार का अंक प्राप्त करने हेतु गुण्य तथा गुणक के इकाई के अंकों को एक-दूसरे के हजार के अंकों से तिरछा गुणा, दहाई के अंकों को एक-दूसरे के सैकड़े के अंकों का तिरछा गुणा करते हैं। प्राप्त संख्याओं के योग में हासिल जोड़ते हैं तथा प्राप्त संख्या के इकाई के अंक को हजार के अंक के नीचे रखते हैं तथा शेष बची हुई बाईं ओर की संख्या को हासिल के रूप में लेते हैं।

यह क्रम तब तक जारी रहता है जब तक कि सभी अंकों की संख्या पूर्ण नहीं हो जाती।

उदाहरण (1) : 5 × 9 को सरल करो।

हल :

$$\begin{array}{r} 5 \\ 9 \\ \hline 45 \\ \hline \end{array} \Big\downarrow$$

उदाहरण (2) : 15 × 9 को सरल करो।

हल :

$$\begin{array}{r} 15 \\ 09 \\ \hline 135 \\ \hline \end{array}$$

(i) इकाई के अंक के लिए $\begin{array}{c} 5 \\ 9 \end{array}\Big\downarrow$ = 5 × 9 = 45 का इकाई का अंक 5 तथा हासिल 4 होगा।

(ii) दहाई के अंक के लिए $\begin{array}{cc} 1 & 5 \\ 0 & 9 \end{array}$ (तिर्यक्) = 1 × 9 + 5 × 0 = 9,

9 में हासिल 4 जोड़ने पर 13, अत: दहाई का अंक 3 तथा हासिल 1 होगा।

(iii) सैकड़े के अंक के लिए $\begin{array}{c} 1 \\ 0 \end{array}\Big\downarrow$ या $\begin{array}{ccc} 0 & 1 & 5 \\ 0 & 0 & 9 \end{array}$ = 1 × 0 = 0,

0 में हासिल 1 जोड़ने पर सैकड़े का अंक 1 मिला।

अत: अभीष्ट गुणनफल 135 प्राप्त हुआ।

उदाहरण (3) : 534 × 132 को सरल करो।

हल :

$$\begin{array}{r} 5\ 3\ 4 \\ 1\ 3\ 2 \\ \hline 7\ 0\ 4\ 8\ 8 \\ \hline \end{array}$$

इकाई के अंक के लिए $\begin{array}{c} 4 \\ 2 \end{array}\Big\downarrow$ = 4 × 2 = 8

इकाई का अंक 8 तथा हासिल कुछ नहीं होगा।

दहाई के अंक के लिए

$$\begin{matrix} 3 & 4 \\ 3 & 2 \end{matrix} = 3 \times 2 + 4 \times 3 = 18,$$

अतः दहाई का अंक 8 तथा हासिल 1 होगा।

सैकड़े के अंक के लिए

$$\begin{matrix} 5 & 3 & 4 \\ 1 & 3 & 2 \end{matrix} = 5 \times 2 + 4 \times 1 + 3 \times 3 = 23,$$

23 में हासिल 1 जोड़ने पर 24, अतः सैकड़े का अंक 4 तथा हासिल 2 होगा।

हजार के अंक के लिए

$$\begin{matrix} 5 & 3 \\ 1 & 3 \end{matrix} \text{ या } \begin{matrix} 0 & 5 & 3 & 4 \\ 0 & 1 & 3 & 2 \end{matrix} = 5 \times 3 + 3 \times 1 = 18,$$

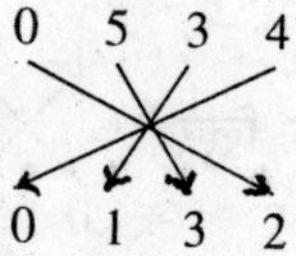

18 में हासिल 2 जोड़ने पर 20, अतः हजार का अंक 0 तथा हासिल 2 होगा।

दस हजार के अंक के लिए

$$\begin{matrix} 5 \\ \downarrow \\ 1 \end{matrix} \text{ या } \begin{matrix} 0 & 0 & 5 & 3 & 4 \\ 0 & 0 & 1 & 3 & 2 \end{matrix} = 5 \times 1 = 5,$$

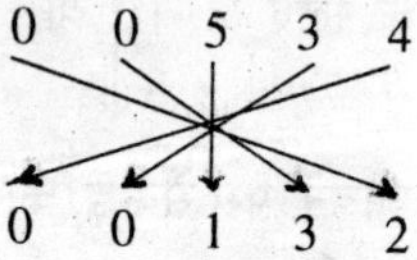

5 में हासिल 2 जोड़ने पर 7, अतः दस हजार का अंक 7 होगा। अभीष्ट गुणनफल 70488 हुआ।

(3) गुणन की कुछ विशिष्ट विधियाँ—

(i) केवल 9 अंक से बनी संख्याओं का गुणन—इस गुणन पद्धति में यह आवश्यक है कि गुणक अर्थात् गुणा करनेवाली संख्या में केवल 9 के अंक हों।

इस प्रकार के प्रश्नों को हम 'एकन्यूनेन पूर्वेण' सूत्र लगाकर आसानी से हल कर सकते हैं। विधि इस प्रकार होगी—

'गुण्य को एकन्यून कर उसके सम्मुख गुणक लिखकर फिर उससे न्यूनीकृत गुण्य घटा देंगे।'

यथा : $372 \times 9999 = 371/9999$

$- 371$

$= 371\ 9628$

तथा $127 \times 99 = 12699$

$- 126$

$= 12573$

यह विधि वास्तव में 'निखिलम् नवत:' सूत्र का ही एक अनुप्रयोग है। प्रथम उदाहरण के लिए—

संख्या	आधार 10000 से विचलन
372	- 9628
9999	- 1
371 / 9628	

बाएँ भाग में हमने एकन्यून किया था। कारण स्पष्ट है कि दूसरी संख्या 9999 आधार 10000 से एकन्यून है। इसी प्रकार दाहिने भाग में हमने प्रथम भाग को 9999 में से घटा दिया था। यहाँ स्पष्ट है कि दाहिना भाग $(10000 - 372)(-1) = 10000 - 372$ अर्थात् $9999 - 371$ ही है।

(ii) दो ऐसी संख्याओं का गुणन जिनके इकाई के अंकों का योग 10 तथा शेष अंक समान हों—इस विधि में दाएँ भाग के लिए इकाई के अंकों का आपस में गुणा करते हैं तथा बाएँ भाग के लिए 'एकाधिकेन पूर्वेण' सूत्र से काम लिया जाता है, अर्थात् इकाई अंक के बाईं ओर की संख्या को एकाधिक करके आपस में गुणा करते हैं।

उदाहरण के लिए, 102×108 के गुणनफल पर विचार करें—

दायाँ भाग $2 \times 8 = 16$

बायाँ भाग $10 \times 11 = 110$

अत: $102 \times 108 = 110/16$

यहाँ लगनेवाला उपसूत्र 'अन्त्ययोर्दशकेऽपि' है। वास्तव में यह विधि भी 'निखिलम्' सूत्र का अनुप्रयोग ही है तथा सूत्र 'एकाधिकेन पूर्वेण' का उपसूत्र।

हो सकता है कि ये विशिष्ट विधियाँ कुछ विशेष प्रश्नों में उपयोगी हों; परंतु जब हमारा 'निखिलम्' सूत्र के अनुप्रयोग से उसी गुणवत्ता के साथ काम चल रहा है तो हम इन विशिष्ट विधियों के चक्कर में क्यों पड़ें? कुछ लेखकों ने इन विशिष्ट विधियों के क्षेत्र का विस्तार करने का प्रयास किया है; परंतु

इसकी कोई विशेष उपयोगिता नहीं। बहुत सारी विशिष्ट विधियों का स्मरण रखना सरल नहीं है।

गुणन की सभी विधियों में ऊर्ध्वतिर्यग्भ्याम् विधि सर्वोत्तम है। वास्तव में ऊर्ध्वगुणन संपाती तिर्यकगुणन स्थिति ही है, अतः तिर्यकगुणन विधि या वज्र गुणन विधि कहना ही पर्याप्त है। गुणन प्रक्रिया का चिह्न (×) वास्तव में इसी सत्य को इंगित करता है।

V. गुणन संक्रिया की जाँच—

(i) नवांक विधि : दो संख्याओं का गुणनफल सही है या नहीं, यह जाँच करने के लिए जो विधि काम में आती है उसे 'गुणितसमुच्चयः समुच्चयगुणितः' उपसूत्र का प्रयोग करके करते हैं।

इसके लिए सबसे पहले × का प्रयोग किया जाता है तथा जाँच के अंकों को क्रम से ही चिह्न के अंतर्गत क्रमांक दिया जाता है। क्रमांक 1 में पहली संख्या (गुण्य) का नवांक, क्रमांक 3 में दूसरी संख्या (गुणक) का नवांक, क्रमांक 2 में पहले और तीसरे क्रमांक के अंकों के गुणनफल की संख्या का नवांक लिखा जाता है। क्रमांक 4 में गुणनफल की संख्या का नवांक लिखा जाता है। अब यदि दूसरे और चौथे क्रमांक के अंक समान हैं तो गुणनफल प्रक्रिया सही है, क्योंकि—

'गुण्य तथा गुणक के नवांकों के गुणनफल का नवांक, संख्याओं के गुणनफल के नवांक के समान होता है।'

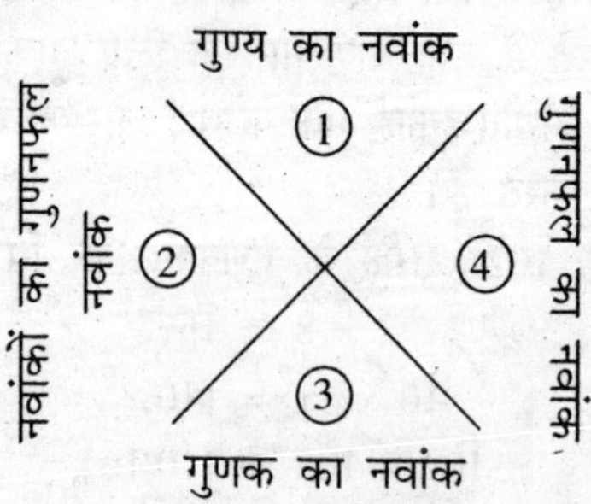

उदाहरण—534 × 132 = 70488 की जाँच करो।

परीक्षण—× के क्रमांक 1 खंड में गुण्य 534 का नवांक 3 अंकित करते हैं।

क्रमांक 3 खंड में गुणक 132 का नवांक 6 अंकित करते हैं।

क्रमांक 2 खंड में, क्रमांक 1 तथा 3 खंडों के अंकों के गुणनफल 18 का नवांक 0 अंकित करेंगे।

क्रमांक 4 खंड में गुणनफल 70488 का नवांक 0 अंकित करेंगे।

चूँकि खंड क्रमांक 2 तथा 4 में लिखी संख्याएँ समान हैं, अतः गुणन प्रक्रिया सही है।

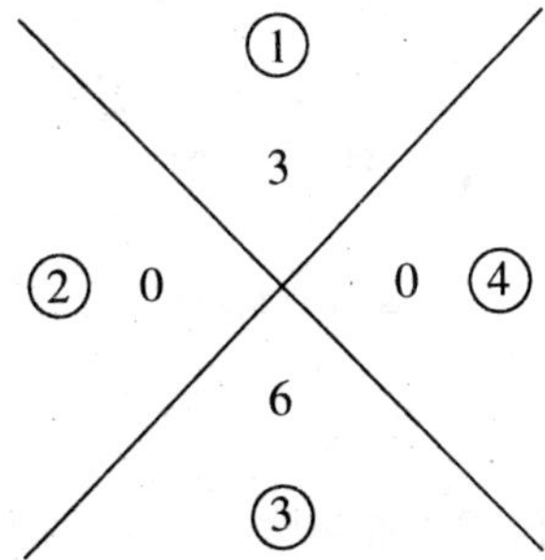

(ii) एकादशांक परीक्षण—इसी प्रकार एकादशांक परीक्षण करेंगे, जो इस प्रकार है—

'गुण्य तथा गुणक के एकादशांकों के गुणनफल का एकादशांक संख्याओं के गुणनफल के एकादशांक के समान होता है।' यहाँ 'गुणितसमुच्चयः समुच्चयगुणितः' उपसूत्र का प्रयोग होगा।

उपर्युक्त प्रकरण में—

गुण्य 534 का एकादशांक $4 - 3 + 5 = 6$

गुणक 132 का एकादशांक $2 - 3 + 1 = 0$

एकादशांकों का गुणनफल $6 \times 0 = 0$

गुणनफल 70488 का एकादशांक $8 - 8 + 4 - 0 + 7 = 11$ का एकादशांक $= 0$

अतः गुणनफल सही है।

❑

अध्याय 6

वर्गफल

किसी संख्या को स्वयं से गुणा करने पर उस संख्या का वर्गफल प्राप्त होता है। $a \times a = a^2$.

I. वर्गण विधियाँ

यद्यपि किसी संख्या का वर्गण एक गुणन क्रिया है, फिर भी वर्गफल ज्ञात करने की कुछ विशिष्ट विधियाँ हैं। इनमें से कुछ विधियाँ निम्नवत् हैं—

(i) यावदूनम् विधि

(ii) द्वंद्वयोग विधि

(iii) आनुरूप्येण विधि

(i) यावदूनम् विधि—यह 'निखिलम्' सूत्र से स्वाभाविक रूप से निकलनेवाला सहज परिणाम है। यह उपसूत्र 'यावदूनं तावदूनीकृत्य वर्गं च योजयेत्' पर आधारित है। इसका अर्थ है यावत् ऊनं (जितना कमी) तावत् ऊनी (उतनी कमी) कृत्य (किए गए के साथ) वर्गं च योजयेत् (वर्ग और प्रयोग करें)। इसका भावार्थ है कि संख्या में जितनी भी आधार से न्यूनता है, उसमें न्यूनता और करें और उसी न्यूनता का वर्ग और प्रयोग करें। दाहिने पक्ष में आधार के अंकों से एक कम अंक रखेंगे।

यथा : $9^2 = (9 - 1)/1^2$

$= 8/1$

यहाँ 9 का वर्ग किया गया है। 9 का अगला आधार 10 होगा। अत: 'निखिलम्' सूत्र से पूरक संख्या 1 प्राप्त की। संख्या 9 से 1 और घटाएँगे तथा उसके सम्मुख 1^2 लिखेंगे। इस प्रकार $9^2 = 81$ प्राप्त हुआ।

इसी प्रकार $9993^2 = (9993 - 7)/7^2$ चार अंक

$= 9986 / 0049 = 99860049$

यहाँ 9993 का वर्ग किया गया है। 9993 की अगली आधार संख्या 10000 है, अतः पूरक संख्या 'निखिलम्' सूत्र से 0007 है। संख्या 9993 से 7 और घटाएँगे तथा उसके सम्मुख 7^2 लिखेंगे। दाहिने पक्ष में संख्या से पहले आवश्यक शून्य लगाकर अंकों की संख्या आधार के शून्यों के समान बना लेंगे। यह विधि वहीं उपयोगी है, जहाँ संख्या आधार से थोड़ा कम है।

यदि संख्या आधार से थोड़ा अधिक है, यह विधि थोड़े परिवर्तन के साथ उपयोग में लाई जाती है। यहाँ न्यूनता के बराबर और कम करने के स्थान पर संख्या को अधिकता के बराबर और बढ़ा देंगे तथा उसके सम्मुख अधिकता का वर्ग रखेंगे। दाहिने पक्ष में अंकों की संख्या आधार के शून्यों के समान रखेंगे, बाकी हासिल के रूप में बाएँ पक्ष में जुड़ेंगे। दाहिने पक्ष में अंकों की संख्या आधार के शून्यों के समान करने के लिए बाईं ओर आवश्यक संख्या में शून्य बढ़ाए भी जा सकते हैं। यथा—

$14^2 = (14 + 4)/4^2$ एक अंक

अर्थात् $18 / {}_16$

अर्थात् 196

$103^2 = (103 + 3)/ 3^2$ दो अंक

$= 106 / 09$

अभीष्ट वर्गफल 10609

इस विधि की बीजगणितीय व्याख्या इस प्रकार है—

$(\text{प} \pm \text{फ})^2 = \text{प}^2 \pm 2\text{प}\,\text{फ} + \text{फ}^2$

यहाँ प = 10, 100, 1000 इत्यादि होगा।

$$92^2 = (100 - 8)^2$$
$$= 10000 - 2 \times 100 \times 8 + 8^2$$
$$= 10000 - 1600 + 64$$
$$= (100 - 16)/64$$
$$= 84\ 64$$

$$102^2 = (100 + 2)^2$$
$$= 10000 + 2 \times 100 \times 2 + 2^2$$
$$= 10000 + 400 + 4$$
$$= (100 + 4)/ 04$$
$$= 10404$$

उपर्युक्त विधि की व्याख्या इस प्रकार भी हो सकती है—

$$प^2 = (प + फ)\ (प - फ) + फ^2$$

$$102^2 = (102 + 2)\ (102 - 2) + 2^2$$
$$= 104/04$$

उन संख्याओं का वर्ग, जिनका आधार 10, 100, 1000 ...... आदि की कोई गुणज संख्या है—यहाँ 'आनुरूप्येण' उपसूत्र की सहायता ली जाती है।

$51^2 = 5\ (51 + 1)/1^2$	यहाँ आधार 10
$= 260/1$	उपाधार 50
$= 2601$	उपाधार : आधार : : 5 : 1
$42^2 = 4(42 + 2)/2^2$	यहाँ आधार 10
$= 176/4$	उपाधार 40
$= 1764$	उपाधार : आधार : : 4 : 1
$201^2 = 2(201 + 1)/1^2$	यहाँ आधार 100
$= 404/01$	उपाधार 200
$= 40401$	उपाधार : आधार : : 2 : 1

(ii) द्वंद्वयोग विधि—किसी भी संख्या का वर्ग निकालते समय 'द्वंद्वयोग' उपसूत्र का प्रयोग सरलता से किया जाता है। यह उपसूत्र, 'ऊर्ध्वतिर्यग्भ्याम्' सूत्र का उपप्रमेय है। क्रिया करते समय ऊर्ध्वतिर्यक् विधि का प्रयोग किया जाता है।

किसी संख्या के अंकों के द्वंद्वयोग से आशय केंद्र से समान दूरी पर स्थिर अंकों के गुणनफलों के दुगुने तथा मध्यवाले के वर्ग के योग से होता है।

यहाँ कुछ संख्याओं के द्वंद्वयोग निकालने के बारे में बता रहे हैं।

8 का द्वंद्वयोग = 8 ↓ 8 $= 8^2 = 64$

13 का द्वंद्वयोग = 1 3 ╳ 1 3 $= 2\ (1 \times 3) = 6$

25 का द्वंद्वयोग = 2 5 ╳ 2 5 $= 2\ (2 \times 5) = 20$

$$137 \text{ का द्वंद्वयोग} = \begin{matrix} 1 & 3 & 7 \\ 1 & 3 & 7 \end{matrix} = 2\ (1 \times 7) + 3^2 = 23$$

वर्ग की क्रिया बाएँ से दाएँ या दाएँ से बाएँ किसी भी प्रकार की जा सकती है। ऊर्ध्वतिर्यग्भ्याम् विधि की भाँति एक, दो, तीन अंकों को क्रम से लेकर द्वंद्वयोग से सरलीकृत करते जाते हैं, बाद में एक-एक छोड़ते जाते हैं।

यथा : 8^2 = 64

13^2 = 1 का द्वंद्वयोग / 13 का द्वंद्वयोग / 3 का द्वंद्वयोग

= 1/6/9

= 169

129^2 = 1 का द्वंद्वयोग / 12 का द्वंद्वयोग / 129 का द्वंद्वयोग/ 29 का द्वंद्वयोग / 9 का द्वंद्वयोग

= $1/4/{}_{2}2/{}_{3}6/{}_{8}1$

= 16641

संकेत :

```
        8 1
      3 6 *
    2 2 * *
      4 * * *
    1 * * * *
    ---------
    1 6 6 4 1
```

(iii) आनुरूप्येण विधि—यह विधि दो अंकों से बनी संख्या के लिए बहुत उपयुक्त है। इकाई के स्थान पर इकाई के अंक का वर्ग, दहाई के स्थान पर मूल संख्या में स्थित अंकों की अनुरूपता (अनुपात) को ध्यान में रखते हुए वर्ग के अनुरूप संख्या का दुगुना, सैकड़े के स्थान पर पुनः अनुरूप संख्या के अनुरूप नई संख्या लिखते हैं, जो कि मूल संख्या के दहाई के अंक का वर्ग होती है।

यथा : $13^2 = 1 \Big/ \begin{matrix} 3 \\ 3 \end{matrix} \Big/ 9$

= 1 6 9

$42^2 = 16 \Big/ \begin{matrix} 8 \\ 8 \end{matrix} \Big/ 4$ यहाँ 4 : 2 : : 2 : 1

= 1 7 6 4

$$32^2 = 9 \,/\, \begin{matrix} 6 \\ 6 \end{matrix} \,/\, 4$$
$$= 10\ 2\ 4$$

दो से अधिक अंकों की संख्या का वर्ग संख्या के अंकों को दो भागों में विभक्त कर इसी प्रकार ज्ञात कर सकते हैं, विशेष बात यह होगी कि पटल के प्रत्येक खण्ड में दी हुई संख्या के दाहिने खण्ड के अंकों की संख्या के समान संख्या में अंक होंगे। यथा—

124^2 = 12/4 का वर्ग

$= 144 \,/\, \begin{matrix} {}_48 \\ {}_48 \end{matrix} \,/\, {}_16$ (यहाँ 12:4:3:1)

= 153 / 7 / 6

= 153 7 6

412^2 = 4/12 का वर्ग

$= 16 \,/\, \begin{matrix} 48 \\ 48 \end{matrix} \,/\, {}_144$ (यहाँ 4:12::1:3)

= 16 / 97 / 44

= 16 97 44

II. पंचांतक संख्याओं के वर्ग के लिए एकाधिक विधि :

वर्ग करने की सामान्य विधियों के साथ-साथ कुछ विशिष्ट स्थितियों में संख्याओं के वर्ग करने की कुछ अन्य विधियाँ भी हैं, जिनमें पंचांतक संख्याओं के वर्ग की एकाधिक विधि उल्लेखनीय है, जो सूत्र 'एकाधिकेन पूर्वेण' पर आधारित है। इस विधि में 5 को छोड़कर संख्या के बचे हुए भाग को उसके एकाधिक से गुणा करके उसके सम्मुख 25 लिखने पर अभीष्ट वर्ग प्राप्त होगा।

65^2 = 6. (6 + 1) / 25
= 4225

125^2 = 12.(12 + 1) / 25
= 156 25

III. वर्गफल की जाँच :

वर्गफल की जाँच की दो विधियाँ हैं : (i) नवांक विधि तथा (ii) एकादशांक विधि। दोनों विधियों का आधार उपसूत्र 'गुणित समुच्चयः समुच्चय गुणितः' है।

(i) **नवांक विधि**—'संख्या कें नवांक के वर्ग का नवांक वर्गफल के नवांक के समान होता है।'

यथा : 125 का नवांक = 8

125 के नवांक का वर्ग = 64

125 के नवांक के वर्ग का नवांक = 1

125 के वर्गफल 15625 का नवांक = 1

अतः वर्गफल सही है।

(ii) **एकादशांक विधि**—'संख्या के एकादशांक के वर्ग का एकादशांक वर्गफल के एकादशांक के समान होता है।'

यथा : 125 का एकादशांक = 4

125 के एकादशांक का वर्ग = 16

125 के एकादशांक के वर्ग का एकादशांक = 5

125 के वर्गफल 15625 का एकादशांक = 5

अतः वर्गफल सही है।

❑

अध्याय 7

घनफलादि

I. घनफल :

संख्याओं के घन निकालने की वैदिक विधियों में निम्नलिखित विधियाँ उल्लेखनीय हैं—

(क) आनुरूप्य विधि, (ख) यावदूनम् विधि।

(क) आनुरूप्य विधि—यह विधि 'आनुरूप्येण' सूत्र पर आधारित है। इस विधि में दी हुई संख्या को दो सुगम खंडों की संख्या में विभाजित कर लिया जाता हैं। इस क्रिया के पटल के चार खंड होते हैं।

(i) पहले खंड में संख्या के प्रथम बाएँ खंड का घन करके रखते हैं।

(ii) अब पहले तथा दूसरे खंड का अनुपात ज्ञात कर लिया जाता है तथा घन के प्रथम बाएँ खंड के साथ यही अनुपात रखते हुए बाएँ से दूसरा खंड लिखा जाता है।

(iii) अब घन के द्वितीय बाएँ खंड के साथ यही अनुपात रखते हुए तृतीय खंड लिखा जाता है।

(iv) अब उसी प्रकार तृतीय खंड के साथ यही अनुपात रखते हुए चतुर्थ खंड लिखा जाता है।

(v) अब दूसरे और तीसरे खंडों को दुगुना करके उनके नीचे लिखा जाता है।

(vi) अंत में सभी खंडों को आवश्यकतानुसार 'शुद्धः' उपसूत्र का प्रयोग करते हुए जोड़ लिया जाता है। यह क्रिया बाएँ से दाएँ या दाएँ से बाएँ दोनों ओर से समान रूप से की जा सकती है।

उदाहरण (1) : 17^3 ज्ञात करो।

हल :

$$17^3 = 1 \,/\, 7 \,/\, {}_{4}9 \,/\, {}_{34}3$$
$$/\, {}_{1}4 \,/\, {}_{9}8 \,/$$
$$= 4 \quad 9 \quad 1 \quad 3$$

उदाहरण (2) : 28^3 ज्ञात करो।

हल :

$$28^3 = 8 \,/\, {}_{3}2 \,/\, {}_{12}8 \,/\, {}_{51}2$$
$$/\, {}_{6}4 \,/\, {}_{25}6 \,/$$
$$= 21 \; 9 \quad 5 \quad 2$$

उदाहरण (3) : 124^3 ज्ञात करो।

हल :

124^3 = 12 / 4 का घन

$$= 1728 \,/\, {}_{57}6 \,/\, {}_{19}2 \,/\, {}_{6}4$$
$$/\, {}_{115}2 \,/\, {}_{38}4 \,/$$

यहाँ 12:4::3:1

= 1906 / 6 / 2 / 4

= 1906624

उदाहरण (4) : 312^3 ज्ञात करो।

हल :

312^3 = 3 / 12 का घन

$$= 27 \,/\, {}_{1}08 \,/\, {}_{4}32 \,/\, {}_{17}28$$
$$/\, {}_{2}16 \,/\, {}_{8}64 \,/$$

यहाँ 3:12::1:4

= 30 / 37 / 13 / 28

= 30371328

(ख) यावदूनम् विधि—यावदूनम् सूत्र का प्रयोग संख्याओं का घन निकालने के लिए भी किया जा सकता है। प्रथम भाग के लिए यहाँ पर जो कमी या अधिकता है, उसे उतना ही न लेकर उसका दुगुना कर लेते हैं तथा मध्य भाग के लिए इस अधिकता या कमी का आधिक्य या कमी के तिगुने में गुणा करते हैं।

अंतिम भाग के लिए आधिक्य या कमी का घनफल रख देते हैं। यही हमारा अभीष्ट घनफल है।

उदाहरण : 103^3 को सरल करो।

हल : $103^3 = (103 + 2 \times 3) \,/\, (3 \times 3) \times 3 \,/\, 3^3$ आधार 100

$= 109 \,/\, 27 \,/\, 27$

अभीष्ट घनफल 1092727

$1005^3 = (1005 + 2 \times 5) \,/\, (3 \times 5) \times 5 \,/\, 5^3$ आधार 1000

$= 1015 \,/\, 075 \,/\, 125$

अभीष्ट घनफल 1015075125

$94^3 = (94 + 2 \times \bar{6}) \,/\, (3 \times \bar{6}) \times \bar{6} \,/\, (\bar{6})^3$ आधार 100

$= 82 \,/\, {}_{1}08 \,/\, {}_{\bar{3}}84 \qquad \hookrightarrow = \bar{2}\bar{1}\bar{6} = \bar{3}84$

$= 83 \quad 05 \quad 84$

अभीष्ट घनफल 830584

II. चतुर्थ घात :

हमें मालूम है कि (च + छ)^4 = च^4 + 4च^3 छ + 6च^2 छ^2 + 4च छ^3 + छ^4 इस बीज गणितीय तथ्य को ध्यान में रखते हुए उपसूत्र 'आनुरूपेण' की सहायता लेकर हम संख्याओं की चतुर्थ घात सरलता से ज्ञात कर सकते हैं। यथा—

$$31^4 = \begin{array}{ccccc} 81 \,/ & {}_{2}7 \,/ & 9 \,/ & 3 \,/ & 1 \\ & {}_{8}1 \,/ & {}_{4}5 \,/ & 9 \,/ & \end{array}$$

$$= 92 \quad 3 \quad 5 \quad 2 \quad 1$$

$$27^4 = (3\,\bar{3})^4$$

$$= \begin{array}{ccccc} 81 \,/ & {}_{\bar{8}}\bar{1} \,/ & {}_{8}1 \,/ & {}_{\bar{8}}\bar{1} \,/ & {}_{8}1 \\ & {}_{\bar{24}}\bar{3} \,/ & {}_{40}5 \,/ & {}_{\bar{24}}\bar{3} \,/ & \end{array}$$

$$= 53 \quad 1 \quad 4 \quad 4 \quad 1$$

$$13^4 = \begin{array}{ccccc} 1 \,/ & 3 \,/ & 9 \,/ & {}_{2}7 \,/ & {}_{8}1 \\ & 9 \,/ & {}_{4}5 \,/ & {}_{8}1 \,/ & \end{array}$$

$$= 2 \quad 8 \quad 5 \quad 6 \quad 1$$

123^4 = 12 / 3 की चतुर्थ घात

$$= \begin{array}{ccccc} {}_{2073}6 \,/ & {}_{518}4 \,/ & {}_{129}6 \,/ & {}_{32}4 \,/ & {}_{8}1 \\ / & {}_{1555}2 \,/ & {}_{648}0 \,/ & {}_{97}2 \,/ & \end{array}$$

यहाँ 12:3::4:1

= 22888 / 6 / 6 / 4 / 1

= 228886641

107^4 = 1 / 07 की चतुर्थ घात

$$= \begin{array}{ccccc} 1 \,/ & 07 \,/ & 49 \,/ & {}_{3}43 \,/ & {}_{24}01 \\ / & 21 \,/ & {}_{2}45 \,/ & {}_{10}29 \,/ & \end{array}$$

= 1 / 31 / 07 / 96 / 01

= 131079601

❑

अध्याय 8

भाग संक्रिया तथा परिमेय संख्याएँ

m तथा n पूर्ण संख्याएँ हैं तथा $n \neq 0$ तो $m \div n$ अर्थात् $\frac{m}{n}$ से अभिप्राय उस संख्या से है, जिसे n से गुणा करने पर पूर्ण संख्या m प्राप्त होती है। इस प्रकार की सभी संख्याओं को परिमेय संख्या कहते हैं।

माना $\frac{m}{m} = x$

परंतु $\frac{m}{m} \times m = m$

अत: $x \times m = m$

अर्थात् $x = 1$

अर्थात् $\frac{m}{m} = 1$

I. परिमेय संख्याओं का योग—

परिमेय संख्या $\frac{a}{b}$ तथा $\frac{c}{d}$ का योग (+) इस प्रकार परिभाषित है—

$$\frac{a}{b} + \frac{c}{d} = \frac{a.d}{b.d} + \frac{b.c}{b.d} = \frac{a.d + b.c}{b.d}$$

II. परिमेय संख्याओं का गुणन—

परिमेय संख्या $\frac{a}{b}$ तथा $\frac{c}{d}$ का गुणन (×) इस प्रकार परिभाषित है—

$$\frac{a}{b} \times \frac{c}{d} = \frac{a.c}{b.d}$$

III. परिमेय संख्याओं के गुण—

(i) परिमेय संख्याएँ योग तथा गुणन संक्रियाओं के लिए परिवेष्टन, साहचर्य, क्रम विनिमेय, निरसन नियमों का पालन करती हैं।

(ii) परिमेय संख्याएँ गुणन के लिए योग या व्यवकलन पर वितरित की जा सकती हैं।

(iii) परिमेय संख्याएँ भाग क्रिया के लिए योग या व्यवकलन पर वितरित की जा सकती हैं।

(iv) 0 योग की तत्समिका तथा 1 गुणन की तत्समिका होती है।

(v) $\frac{m}{n}$ का गुणन प्रतिलोम $\frac{n}{m}$ होता है, जबकि $m, n \neq 0$

(vi) $\frac{m}{n}$ का योज्य प्रतिलोम $-\frac{m}{n}$ होता है, जबकि $n \neq 0$

(vii) परिमेय संख्या $\frac{m}{n}$ अनेक रूपों $\frac{2m}{2n}, \frac{3m}{3n}, \frac{4m}{4n}, ...$ में लिखी जा सकती है।

(viii) परिमेय संख्याओं का दशमलव अंकों में पूरा-पूरा मान लिखा जा सकता है, या दशमलव के कुछ अंकों के बाद अंकों की आवृत्ति प्रारंभ हो जाती है।

यथा : $\frac{3}{4} = .75, \quad \frac{1}{5} = .2,$

$\frac{1}{3} = 0.333........., \quad \frac{1}{7} = 0.142857142857.......$

जब परिमेय संख्याओं का दशमलव में पूरा–पूरा मान नहीं निकलता तो आवृत्तिवाले दशमलव अंकों में से प्रथम और अंतिम के ऊपर आवर्त दशमलव चिह्न लगाकर आवृत्तिवाले दशमलव अंकों को एक बार लिखकर इतिश्री कर दी जाती है।

यथा : $\frac{1}{7} = 0.\dot{1}4285\dot{7}$

$\frac{1}{3} = 0.\dot{3}$

(ix) **उचित भिन्न**—किसी भी पूर्ण संख्या में दूसरी पूर्ण संख्या का भाग दिया जाए तो आवश्यक नहीं कि वह पूर्णांक संख्या आए। अतः परिमेय संख्या को एक पूर्ण संख्या तथा एक ऐसी भिन्न के योग के रूप में लिखा जा सकता है, जिसका अंश हर से छोटा होता है। ये भिन्न उचित भिन्न कहलाती हैं।

अनुचित भिन्न $\frac{15}{7}$ = उचित भिन्न $2\frac{1}{7}$

अनुचित भिन्न $\frac{21}{5}$ = उचित भिन्न $4\frac{1}{5}$

परिमेय संख्याओं को उचित भिन्न के रूप में बदलने को विभाजन की क्रिया कहते हैं।

यहाँ पर अनुचित भिन्न के अंश को भाज्य, हर को भाजक, उचित भिन्न की पूर्ण संख्या को भजनफल तथा अंश को शेष कहते हैं।

❑

अध्याय 9

भाग

वैदिक गणित में भाग की क्रिया संपन्न करने हेतु जो विधियाँ दी गई हैं, उनमें दो प्रमुख हैं—1. विचलन विधि, 2. ऊर्ध्व एवं ध्वजांक विधि।

1. विचलन विधि :

इस विधि में भाजक का आधार (जो कि 10 के किसी घात के रूप में है) से विचलन निकालकर उसका चिह्न बदलकर शोधित भाजक के रूप में प्रयोग करते हैं। इस विधि के दो प्रकार हैं—

(क) निखिलम् विधि—यह विधि 'निखिलं नवतश्चरमं दशत:' सूत्र पर आधारित है।

(i) भाज्य के अंत से भाजक के अंकों के समान अंक छोड़कर तिरछी रेखा खींचते हैं।

(ii) भाज्य के बाईं ओर भाजक लिखा जाता है।

(iii) भाजक के नीचे उसकी 10, 100, 1000, ... इत्यादि आधार, जो भी हो, के साथ पूरक संख्या लिखी जाती है। इस कार्य हेतु 'निखिलम्' सूत्र का प्रयोग किया जाता है। यह संख्या शोधित भाजक के रूप में कार्य करती है।

(iv) भाज्य के नीचे थोड़ा स्थान छोड़कर क्षैतिज रेखा खींची जाती है, जिसके नीचे भाज्य का पहला अंक यथावत् लिख दिया जाता है।

(v) भाज्य के नीचे पहला अंक छोड़कर शेष अंकों के रेखा के नीचे के पहले अंक से शोधित भाजक से गुणा करके अंकों को क्रमश: उन अंकों के नीचे लिखते हैं।

(vi) अब भाज्य के दूसरे अंक के नीचे की संख्या को उसमें जोड़कर रेखा के नीचे उसी स्तंभ में लिख देते हैं।

(vii) इस दूसरे अंक से पुन: शोधित भाजक के अंकों का गुणा करके भाजक के तीसरे अंक से प्रारंभ करके रेखा के ऊपर तीसरी पंक्ति में लिखते हैं।

(viii) इसके बाद भाज्य के तीसरे अंक के नीचे की संख्याओं को उसके साथ जोड़कर रेखा के नीचे तीसरे स्थान पर लिखते हैं।

(ix) क्रिया इस प्रकार चालू रखते हैं, जब तक कि अंतिम पंक्ति का अंतिम अंक भाज्य के अंतिम अंक के नीचे नहीं लिख जाता।

(x) इसके उपरांत जोड़ किए गए अंकों की संख्याओं का अंतिम अंक लिखा जाता है।

(xi) शेष को हासिल के रूप में दाएँ से बाएँ बढ़ते हुए बाईं संख्या में जोड़ा जाता है।

(xii) रेखा के नीचे लिखी पंक्ति में दाहिने से बाएँ भाजक के अंकों की संख्या के समान अंकों से बनी संख्या शेष तथा शेष संख्या भजनफल होती है।

(xiii) कभी-कभी शेष भाजक से बड़ा रह जाता है। अत: यदि उसके अंकों की संख्या भाजक के अंकों की संख्या से बड़ी है तो भाग की क्रिया शोधित भाजक को लेकर पुन: दुहराई जाती है तथा नए भजनफल को पुराने भजनफल में जोड़कर लिखते हैं। यही अभीष्ट भजनफल होगा।

(xiv) यदि शेष भाजक से बड़ा है तथा उसके अंकों की संख्या भाजक के अंकों की संख्या के समान है तो भाजक के निकटतम गुणज को उसमें से घटाकर शेष प्राप्त करते हैं तथा गुणांक को भजनफल में जोड़कर अभीष्ट भजनफल प्राप्त करते हैं।

उदाहरण (1) : 15346 ÷ 982 को सरल करो।

हल :

982	1	5	/ 3	4	6		भाज्य	15346
018 × 1		0	/ 1	8			भाजक	982
× 5	↓	↓	/ 0	5	$_{4}0$		भजनफल	15
	1	5	/ 6	1	6		शेष	616

उत्तर : $15\frac{616}{982}$

इसका सरल रूप निम्न है—

982	15	3	4	6
018 × 15		2	7	0
	15	6	1	6
	भजनफल	शेष		

उदाहरण (2) : 1382 ÷ 95 को सरल करो।

हल :

			/		
95	1	3	/	8	2
05 × 1		0	/	5	
× 3	↓	↓	/	0	$_{1}$5
	1	3	/	$_{1}$4	7
× 1				0	5
	1	4	/	5	2

भाज्य	1382
भाजक	95
भजनफल	14
शेष	52

उत्तर : $14 \frac{52}{95}$

सरल रूप में यही—

95	13	82
05 × 13		65
	13	$_{1}$47
× 1		05
	14	52
	भजनफल	शेष

उदाहरण (3) : 1295469 ÷ 89996 को सरल करो।

हल :

			/					
89996	1	2	/	9	5	4	6	7
10004 × 1		1	/	0	0	0	4	
× 3	↓	↓	/	3	0	0	0	$_{1}$2
	1	3	/	$_{1}$2	5	5	1	9
× 1			/	1	0	0	0	4
	1	4	/	3	5	5	2	3

उत्तर : $14 \frac{35523}{89996}$

सरल रूप में यह निम्नवत् होगा—

89996	12	9	5	4	6	7
10004 × 12	1	2	0	0	4	8
× 1		1	0	0	0	4
	13	$_1$2	5	5	1	9
× 1		1	0	0	0	4
	14	3	5	5	2	3

(ख) आनुरूप्य निखिलम् विधि—जब भाजक उपाधार के निकट हो तो आनुरूप्य निखिलम् विधि का प्रयोग किया जाता है।

उदाहरण : 1011 ÷ 23 को सरल करो।

हल : 23 × 4 = 92

92	10	/	1	1
08 × 1	0	/	8	
× 0		/	0	0
	10	/	9	1
अर्थात्	11	/	0	$\bar{1}$

92 से 1011 को भाग देने पर भजननफल 11 तथा शेष 0$\bar{1}$ है, अतः 23 से 1011 को भाग देने पर भजनफल 11×4 = 44 तथा शेष 0$\bar{1}$ होगा।

उत्तर : $43\frac{22}{23}$

(ग) परावर्त्य विधि—भाजक जब आधार 10, 100, 1000 ...... इत्यादि के निकट होता है तथा पहला अंक 1 होता है, तो भाजन क्रिया का कार्य 'परावर्त्य योजयेत्' सूत्र द्वारा अर्थात् (+) चिह्न को (−) तथा (−) चिह्न को (+) में बदलकर करना होता है।

क्रिया विधि में भाजक के प्रथम अंक को छोड़कर शेष अंकों के चिह्नों को बदल दिया जाता है। संशोधित भाजक के जितने अंकों का चिह्न बदलते हैं, भाज्य में दाईं ओर उतने ही अंक छोड़कर खड़ी रेखा खींची जाती है। शेष क्रिया पहले की तरह ही करते हैं।

उदाहरण (1) : 39316642 ÷ 13101 को सरल करो।

हल : 13101								
	3	9	3	1	6	6	4	2
$\bar{3}\bar{1}\bar{0}\bar{1}$ × 3		$\bar{9}$	$\bar{3}$	0	$\bar{3}$			
× 0			0	0	0	0		
× 0				0	0	0	0	
× 1					$\bar{3}$	$\bar{1}$	$\bar{0}$	$\bar{1}$
	3	0	0	1	0	5	4	1
	भजनफल				शेष			

उत्तर : $3001\frac{541}{13101}$

उदाहरण (2) : 36521 ÷ 14 को सरल करो।

हल : 14								
	3	6	5	2				1
$\bar{4}$ × 3		$\bar{1}\bar{2}$						
× $\bar{6}$			24					
× 29				$\bar{1}\bar{1}\bar{6}$				
× $\bar{1}\bar{1}\bar{4}$					45			6
	3	$\bar{6}$	$_2 9$	$_{11}\bar{4}$	45			7
	= 3	$\bar{4}$	$\bar{2}$	$\bar{4}$				
× 4					$_1\bar{6}$			
× $\bar{1}\bar{1}$						4		4
					$4_1\bar{1}$	5		1
× 5							$\bar{2}$	0
						5	$\bar{2}$	1
× $\bar{2}$								8
							$\bar{2}$	9
								शेषफल

भजनफल	3	$\bar{4}$	$\bar{2}$	$\bar{4}$
	+		3	$\bar{1}$
	+			5
	+			$\bar{2}$
	3	$\bar{4}$	1	$\bar{2}$
अर्थात्	2	6	0	8
शेषफल				9

उत्तर : $2608\frac{9}{14}$

(घ) आनुरूप्य परावर्त्य विधि—जब भागफल में पहला अंक 1 न हो तो इस विधि का उपयोग करते हैं। इस विधि में भाजक को आधार 10, 100, 1000 ...... के निकट लाने के लिए जिस संख्या से भाग दिया जाता है, भजनफल को भी उसी संख्या से भाग दिया जाता है।

उदाहरण (1) : 2699 ÷ 224 को सरल करो।

हल : आनु. भाजक $\frac{224}{2} = 112$

परावर्त्य भाजक $\bar{1}\bar{2}$

$$
\begin{array}{r|rr|rr}
112 & 2 & 6 & 9 & 9 \\
\bar{1}\bar{2} & & \bar{2} & \bar{4} & \\
 & & & \bar{4} & \bar{8} \\
\hline
\frac{1}{2} \times & 2 & 4 & 1 & 1
\end{array}
$$

अर्थात् 1 2 / 1 1

उत्तर : $12\frac{11}{224}$

उदाहरण (2) : 1688 ÷ 221 को सरल करो।

हल : आनु. भाजक $\frac{221}{2} = 110\frac{1}{2}$

परावर्त्य भाजक $-1 - \frac{1}{2}$

$$
\begin{array}{r|rr|rr}
110\frac{1}{2} & 1 & 6 & 8 & 8 \\
-1 - \frac{1}{2} & & -1 & -\frac{1}{2} & \\
 & & & -5 & \frac{-5}{2} \\
\hline
\frac{1}{2} \times & 1 & 5 & \frac{5}{2} & \frac{11}{2}
\end{array}
$$

भजनफल 7

शेष $\frac{1}{2} \times 221 + \frac{5}{2} \times 10 + \frac{11}{2}$

$= 141$

उत्तर : $7\frac{141}{221}$

2. ऊर्ध्व एवं ध्वजांक विधि :

इसके अंतर्गत सूत्र 'ऊर्ध्वतिर्यग्भ्याम् एवं ध्वजांक' का प्रयोग किया जाता है। यहाँ ध्वजांक का अर्थ ध्वज की तरह के ऊपर रखी संख्या से है। इस विधि में भाजक के अंकों को दो भागों में विभाजित करते हैं। दाहिने भाग को भाज्य के बाईं ओर रखते हैं, इसे ध्वजांक कहते हैं। ध्वजांक के नीचे बाईं ओर थोड़ा हटकर भाजक के बाएँ भाग को लिखते हैं। सारा भाजन कार्य इसके द्वारा ही होता है। इसे भाजक कहते हैं। ध्वजांक की संख्या के अंकों के बराबर अंक दाईं ओर से गिनकर एक खड़ी रेखा खींची जाती है, जिसके दाईं ओर शेषफल प्रदर्शित होगा। अब इस चुने भाजक से भाज्य के बाएँ भाग को भाग दिया जाता है। भाग देने पर जो शेषफल प्राप्त होता है उसे भाज्य के अगले अंक से कुछ पहले, परंतु पंक्ति से नीचे लिखा जाता है। यह संख्या भाज्य के अगले अंक के साथ पढ़ी जाती है। अब प्राप्त भागफल और ध्वजांक में बाएँ से दाएँ ऊर्ध्व तिर्यग्भ्याम् का प्रयोग कर गुणनफल ज्ञात किया जाता है। इस गुणनफल को नए भाज्य से घटाकर संशोधित भाज्य प्राप्त किया जाता है। पूर्व की भाँति इसे पुनः पहले अंक के आगे उसी प्रकार लिखा जाता है। फिर से भाग की क्रिया इस भाज्य में की जाती है और ध्वजांक रो नए भागफल का गुणा करना, घटाना तथा नया भाज्य ज्ञात करना और फिर भाग करना आदि बार-बार अंत तक अनवरत चलता रहता है, जब तक कि अंतिम संशोधित शेषफल प्राप्त नहीं हो जाता।

उदाहरण (1) : 713571 ÷ 823 को सरल करो।

हल :

	पूर्ण भजनफल पक्ष	अवशेष पक्ष
8/23	7 1 3 5	7 1
ध्वजांक 23	**7 1**	**1 2**
चयनित भाजक 8		
भजनफल	8 7 $\overline{3}$	30 अंतिम शेष

(i) भाजक 8/23 के दो भाग किए चयनित भाजक 8, ध्वजांक 23

(ii) ध्वजांक में दो अंक हैं, अतः भाज्य के दाहिनी ओर से दो अंक गिनकर खड़ी रेखा खींची।

(iii) भाजक 8 से सर्वप्रथम बाईं ओर से 71 में भाग दिया। भजनफल 8 को 1 के स्तंभ में रेखा के नीचे लिखा। अवशेष 7 को भाज्य के अगले अंक 3 के नीचे बाईं ओर लिखेंगे। अगला भाज्य 73 होगा।

(iv) शोधित भाज्य 73 − $\begin{matrix}2\\8\end{matrix}\downarrow$ = 57, 8 से भाग देने पर भजनफल 7 को 3 के स्तंभ में रेखा के नीचे लिखा। अवशेष 1 को 5 के नीचे बाईं ओर लिखेंगे। अगला भाज्य 15 होगा।

(v) शोधित भाज्य 15 − $\begin{matrix}2 & & 3\\ & \times & \\ 8 & & 7\end{matrix}$ = $\bar{2}\,\bar{3}$, 8 से भाग देने पर भजनफल 3 को 5 के स्तंभ में रेखा के नीचे लिखा। अवशेष 1 को 7 के नीचे बाईं ओर लिखेंगे।

(vi) अवशेष पक्ष में संख्या 171 प्राप्त हुई।

17 − $\begin{matrix}2 & & 3\\ & \times & \\ 7 & & \bar{3}\end{matrix}$ = 2 को 1 के नीचे बाईं ओर लिखेंगे।

अब 21 − $\begin{matrix}3\\\bar{3}\end{matrix}\downarrow$ = 30

अतः अंतिम अवशेष 30

उत्तर : $867\frac{30}{823}$

उदाहरण (2) : 132153 ÷ 2315 को सरल करो।

हल :

	भजनफल पक्ष			अवशेष पक्ष		
2/315	1	3	2	1	5	3
			1	0	4	18
ध्वजांक 315						
चयनित भाजक 2						
भजनफल	6	$\bar{3}$			198	अंतिम शेष

स्पष्टीकरण : ध्वजांक में तीन अंक हैं, अत: खड़ी रेखा दाहिने से तीन अंक छोड़कर खींची जाएगी। चयनित भाजक 2 का 13 में भाग देने पर भजनफल 6, अवशेष 1, अगला भाज्य 12

शोधित भाज्य 12 - $\begin{array}{c}3\\6\end{array}\downarrow$ = 6, भजनफल 3,

अवशेष 0

शेषपक्ष की संख्या 153

01 − $\begin{array}{cc}3 & 1\\ \multicolumn{2}{c}{\times}\\ 6 & 3\end{array}$ = 4

45 − $\begin{array}{cc}1 & 5\\ \multicolumn{2}{c}{\times}\\ 6 & 3\end{array}$ = 18

183 − $\begin{array}{c}5\\3\end{array}\downarrow$ = 198

अत: अंतिम शेषफल 198

उत्तर : $57\frac{198}{2315}$

उदाहरण (3) : 25346 में 237 का 5 दशमलव स्थान तक भाग दो।

हल :

	पूर्ण भजनफल पक्ष				दशमलव पक्ष					
23/7	2	5	3	4	6	0	0	0	0	0
ध्वजांक 7			2	16	3	10	15	7	12	21
चयनित भाजक 23										
		1	0	7	$\bar{1}$	4	5	1	4	7

उत्तर : 106.94515

स्पष्टीकरण : ध्वजांक में एक अंक है, अत: खड़ी रेखा दाहिने से एक अंक छोड़कर खींचेंगे।

चयनित भाजक 23 का 25 में भाग देने पर भजनफल 1, अवशेष 2 अगला भाज्य 23

शोधित भाज्य 23 – $\begin{matrix}7\\1\end{matrix}\downarrow$ = 16, भजनफल 0, अवशेष 16

अगला भाज्य 164

शोधित भाज्य 164 – $\begin{matrix}7\\0\end{matrix}\downarrow$ = 164, भजनफल 7, अवशेष 3

शेषपक्ष की संख्या में भी क्रिया उसी प्रकार बढ़ेगी। विशेष बात यह होगी कि अब भजनफल में दशमलव आ जाएगा।

उदाहरण (4) : 7246041 का व्युत्क्रम लिखिए।

हल : 7/246041	0	: 0 0 0 0 0 1 0 0 0 0 0 0 0
ध्वजांक 246041		: 0 0 0 0 0 0 1 3 7 4 6 10 6
चयनित भाजक 7	0	: 0 0 0 0 0 0 1 3 8 0 0 6 4

उत्तर : 0.000000 1 380064 ....

स्पष्टीकरण : ध्वजांक में छः अंक हैं, अतः खड़ी रेखा दाहिने से छः अंक छोड़कर खींची जानी है, उसके लिए आवश्यक शून्य बनाएँगे।

चयनित भाजक 7 का 0 में भाग देने पर भजनफल 0, अवशेष 0

अगला भाज्य 00, शोधित भाज्य 0 – $\begin{matrix}2\\0\end{matrix}\downarrow$ = 0, भजनफल 0, अवशेष 0

अगला भाज्य 00, शोधित भाज्य 00 – $\begin{matrix}2\ 4\\ \times \\0\ 0\end{matrix}$ = 00, भजनफल 0, अवशेष 0

अगला भाज्य 00, शोधित भाज्य 00 – $\begin{matrix}2\ 4\ 6\\ \times \\6\ 0\ 0\end{matrix}$ = 00, भजनफल 0, अवशेष 0

अगला भाज्य 00, शोधित भाज्य 00 – 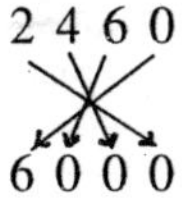
2 4 6 0
6 0 0 0
= 00,

भजनफल 0, अवशेष 0

अगला भाज्य 00, शोधित भाज्य 00 – 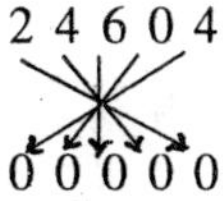
2 4 6 0 4
0 0 0 0 0
= 00,

भजनफल 0, अवशेष 0

अगला भाज्य 01, शोधित भाज्य 01 – 
2 4 6 0 4 1
0 0 0 0 0 0
= 01,

भजनफल 0, अवशेष 1

अगला भाज्य 10, शोधित भाज्य 10 – 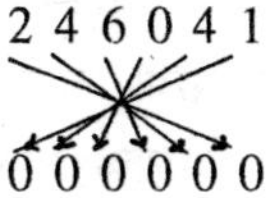
2 4 6 0 4 1
0 0 0 0 0 0
= 10,

भजनफल 1, अवशेष 3

अगला भाज्य 30, शोधित भाज्य 30 – 
2 4 6 0 4 1
0 0 0 0 0 1
= 28,

भजनफल 3, (≠ 4 अन्यथा अगला शोधित भाज्य ऋणात्मक 1 होगा) अवशेष 7

अगला भाज्य 70, शोधित भाज्य 70 – 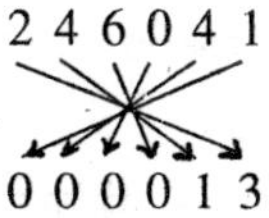
2 4 6 0 4 1
0 0 0 0 1 3
= 60,

भजनफल 8, अवशेष 4

अगला भाज्य 40, शोधित भाज्य 40 – 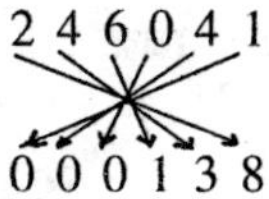
2 4 6 0 4 1
0 0 0 1 3 8
= 6,

भजनफल 0, अवशेष 6

अगला भाज्य 60, शोधित भाज्य 60 – 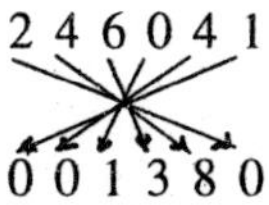
2 4 6 0 4 1
0 0 1 3 8 0
= 10,

भजनफल 0, (भजनफल ≠ 1 अन्यथा अगला शोधित भाज्य ऋणात्मक) अवशेष 10

अगला भाज्य 100, शोधित भाज्य 100 − (2 4 6 0 4 1 / 0 1 3 8 0 0) = 48,

भजनफल 6, अवशेष 6

अगला भाज्य 60, शोधित भाज्य 60 − (2 4 6 0 4 1 / 1 3 8 8 0 6) = 35,

भजनफल 4, अवशेष 7

भाग की एक अन्य विधि : इस विधि की सैद्धान्तिक आधार ध्वजांक विधि ही है। इस विधि में भाजक का निकटतम 10,100,1000,.....आदि के गुणज से विचलन ज्ञात किया जाता हैं यहाँ पर क्रियात्मक आधार से शून्य हटाने के बाद शेष संख्या सहायक भाजक के रूप में काम करती है। भाज्य के दाहिनी ओर से हटाए गए शून्यों की संख्या के समान संख्या में अंकों के विभाग करते हैं तथा क्रमागत प्रत्येक पैड़ी के भाज्य समूह से पूर्व भजनफल अंक को विचलन से गुणा करके घटाते हैं जो कि हर पैड़ी का क्रमागत शोधित भाज्य होगा।

उदाहरण (1) : 1 4 3 5 7 को 37 से भाग दो।

हल :

क्रियात्मक आधार 40

आधार 10

सहायक भाजक 4

क्रियात्मक आधार से भाजक का विचलन 37−40 = $\bar{3}$

	1	4	3	5	7
स० भाजक 4			2	0	$\bar{3}$
विचलन $\bar{3}$ ×		3	8	8	शेष $\bar{3}$7+24=1

$$\frac{14357}{37} = 388\ \frac{1}{37}$$

स्पष्टीकरण :

(i) भाजक 37, 10 के गुणज 40 के निकट है, अत: 40 क्रियात्मक आधार है। 40 से 37 का विचलन 37–40 = $\bar{3}$ है। क्रियात्मक आधार 40 का आधार 10 है अत:

$$\text{सहायक भाजक } 40 = \frac{40}{10} = 4 \text{ होगा।}$$

इसे हम 40 से शून्य हटाकर भी प्राप्त कर सकते हैं।

चूंकि यहाँ आधार 10 है, अत: प्रत्येक पैड़ी के भाज्य हेतु एक एक अंक लिया जायेगा।

(ii) 4 से 1 में भाग नहीं जाता अत: हम 14 में भाग देते हैं। भजन फल 3 को क्षैतिज रेखा के नीचे 4 के स्तम्भ में लिखा। शेष 2 को क्षैतिज रेखा के ऊपर भज्य के अगले अंग 3 से थोड़ा पहले लिखा। अगली पैड़ी के भाग हेतु भाज्य 23 से पूर्व भजनफल अंक 3 को विचलन $\bar{3}$ से गुणा करके घटाने पर शोधित भाज्य 23–3 × $\bar{3}$ = 32

(iii) 32 में 4 से भाग देने पर प्राप्त भजनफल 8 को क्षैतिज रेखा के नीचे 3 के स्तम्भ में लिखा तथा शेष 0 को क्षैतिज रेखा के ऊपर भाज्य के अगले अंक 5 से थोड़ा पहले लिखा। अगली पैड़ी के भाग हेतु भाज्य 05 से पूर्व भजनफल अंक 8 को विचलन $\bar{3}$ से गुणा करके घटाने पर शोधित भाज्य 05–8 × $\bar{3}$ = 29

(iv) 29 में 4 से भाग देने पर प्राप्त भजनफल 8(≠7 अन्यथा शेष मूल भाजक से बड़ा मिलेगा) को क्षैतिज रेखा के नीचे 5 के स्तम्भ में लिखा तथा शेष $\bar{3}$ को क्षैतिज रेखा के ऊपर भाज्य के अगले अंक 7 से थोड़ा पहले लिखा।

(v) अब शेष संख्या $\bar{3}$7 – 8×$\bar{3}$ = 1 होगा। इस प्रकार क्षैतिज रेखा के नीचे लिखी संख्या 388 अभीष्ट भजनफल तथा 1 शेषफल होगा।

$$\frac{14357}{37} = 388\ \frac{1}{37}$$

उदाहरण (2) : 7 3 2 9 6 को से 1 3 2 भाग दें।

हल :

क्रियात्मक आधार 130

आधार 10

विचलन 132 – 130 = 2

$$\text{सहायक भाजक } \frac{130}{10} = 13$$

स. भाजक 13	7	3	2	9	6
			8	7	4
विचलन 2×		5	5	5	शेष $46 - 5\times2 = 36$

$$\frac{73296}{132} = 555\ \frac{36}{132}$$

$$= 555\ \frac{3}{11}$$

उदाहरण (3): 5 2 3 7 4 1 को 198 से भाग दो।

हल : क्रियात्मक आधार 200

आधार 100

सहायक भाजक $\frac{200}{100} = 2$

विचलन $198 - 200 = \bar{2}$

स. भाजक 2 | 52 / $_0$37 / $_1$41

विचलन $\bar{2}$× 26 / 44 / शेष $141 - 44 \times \bar{2} = 229$

पुनः 2 | 2 / $_0$29

$\bar{2}$× 1 / शेष $029 - 1\times\bar{2} = 31$

शोधित भजनफल 2644 + 1 = 2645

शेषफल 31

$$\frac{523741}{198} = 2645\ \frac{31}{198}$$

उदाहरण (4): $6x^3 - 11x^2 + 8x - 2$ को $2x-3$ से भाग दो।

हल : क्रियात्मक आधार $2x$

आधार x

विचलन $\bar{3}$

सहायक भाजक $\frac{2x}{x} = 2$

सहायक भाजक 2	6 /	−11 /	8	−2
	/	0 /	0	0
विचलन $\bar{3}$ **X**	3 /	−1 /	$\frac{5}{2}$	शेष $-2 - \frac{5}{2} \times \bar{3} = \frac{11}{2}$

$(6x^3 - 11x^2 + 8x - 2) \div (2x-3)$

$$= 3x^2 - x + \frac{5}{2} + \frac{11}{2(2x-3)}$$

❑

अध्याय 10

सहायक भिन्न

कुछ भिन्नों को दाशमिक संख्याओं के रूप में निरूपित करने में कुछ दूसरी भिन्नें बड़ी उपयोगी होती हैं। यह कार्य इन सहायक भिन्नों के द्वारा अत्यंत सरल हो जाता है। यहाँ हम इन सहायक भिन्नों का उल्लेख करेंगे।

1. प्रथम प्रकार की सहायक भिन्नें :

ये सहायक भिन्नें उन भिन्नों को सरल करने में प्रयोग की जाती हैं, जिनके हर का इकाई का अंक 9 है। ऐसी भिन्नों के सरल करने हेतु सहायक भिन्न प्राप्त करने के लिए हर के पूर्वांतक अंक को एक अधिक करके अंतिम अंक के स्थान पर शून्य रख दिया जाता है। यहाँ सूत्र 'एकाधिकेन पूर्वेण' का प्रयोग किया जाता है। सहायक भिन्न से अभीष्ट दाशमिक भिन्न प्राप्त करने हेतु हर के अंतिम स्थानों से शून्य हटाकर अंश के उतने ही स्थान दशमलव को बाईं ओर हटाया जाता है। अंत में भाग की क्रिया संपन्न की जाती है, परंतु ध्यान यह रखा जाता है कि भाजन क्रिया की हर पैड़ी में अवशेष को शून्य का उपसर्ग (Prefix) न बनाकर प्रत्येक भजनफल अंक का उपसर्ग बनाते हैं।

उदाहरण (1) : $\frac{1}{19}$ को सहायक भिन्न की सहायता से हल करो।

हल : $\frac{1}{19}$ का प्रथम प्रकार सहायक भिन्न $\frac{1}{20}$ अर्थात् $\frac{.1}{2}$

अत: $\frac{1}{19} = .\,{}_{1}0\;{}_{0}5\;{}_{1}2\;{}_{0}6\;{}_{0}3\;{}_{1}1\;{}_{1}5\;{}_{1}7\;{}_{1}8\;{}_{0}9\;{}_{1}4\;{}_{0}7\;{}_{1}3\;{}_{1}6\;{}_{0}8\;{}_{0}4\;{}_{0}2\;{}_{0}1\ldots$

$$= .\dot{0}\,5\,2\,6\,3\,1\,5\,7\,8\,9\,4\,7\,3\,6\,8\,4\,2\,\dot{1}$$ *

अठारह अंकों की आवृत्ति

स्पष्टीकरण : 1 में 2 का भाग न जाने के कारण भजनफल 0, शेष 1

अगला भाज्य 1 को 0 का उपसर्ग बनाकर 10, 10 को 2 से भाग देने पर भजनफल 5, शेष 0

अगला भाज्य 0 को 5 का उपसर्ग बनाकर 05, 05 को 2 से भाग देने पर भजनफल 2, शेष 1

अगला भाज्य 1 को 2 का उपसर्ग बनाकर 12, 12 को 2 से भाग देने पर भजनफल 6, शेष 0

अगला भाज्य 0 को 6 का उपसर्ग बनाकर 06, 06 को 2 से भाग देने पर भजनफल 3, शेष 0, इत्यादि।

उपसर्गित अवशेष भजनफल के अंक नहीं हैं, बस केवल प्रश्नगत भजनफल अंक समूह के उपसर्ग मात्र हैं, अतः उत्तर में इनका समावेश नहीं होगा।

नोट—सहायक भिन्न में शून्य हटाने के अलावा सरलीयन की कोई क्रिया भी नहीं करते।

उदाहरण (2) : $\dfrac{16}{599}$ को सहायक भिन्न की सहायता से सरल करो।

हल : $\dfrac{16}{599}$ का सहायक भिन्न $\dfrac{16}{600}$ अर्थात् $\dfrac{.16}{6}$

अतः $\dfrac{16}{599} = .\,{}_{4}02\ {}_{0}67\ {}_{1}11\ {}_{3}18\ {}_{0}53\ {}_{5}08\ {}_{4}84\ {}_{4}80\ {}_{0}80\ {}_{2}13..........$

$= .\,0\,2\,6\,7\,1\,1\,1\ \ 8\,5\,3\,0\,8\,8\,4\,8\,0\,8\,0\,1\,3........$

उत्तर में उपसर्गित अवशेषों का समावेश नहीं किया जाएगा।

2. द्वितीय प्रकार की सहायक भिन्नें :

उपर्युक्त उदाहरणों में भिन्नों के हर का अंतिम अंक 9 था। लेकिन उन भिन्नों में जिनके हर का अंतिम अंक 1 हो, हमें अंतिम अंक 9 बनाने हेतु 9 का गुणा करना पड़ेगा। परिणामस्वरूप एकाधिक बड़ा हो जाएगा तथा भाग

---

* दशमलव संख्याओं में जिन अंकों के ऊपर बिंदु है, उस अंतराल के सभी अंकों की आवृत्ति मानी जाती है।

क्रिया जटिल हो जाएगी। अतः ऐसी भिन्नों को सरल करने हेतु दूसरी प्रकार की सहायक भिन्न बनाई जाती है, जिसका हर तथा अंश दोनों ही एकन्यून कर दिए जाते हैं। भजनफल के विशिष्ट अंकों को या भजनफल अंक समूह को उपसर्ग लगाने जैसे सिद्धांत तथा अन्य बातें एकाधिक सहायक भिन्नों के समान ही हैं। बस अंतर इतना है कि पहले भाग के पश्चात् या समूह के भाग के पश्चात् अगला भाज्य प्राप्त करने के लिए हम अवशेष को भजनफल का उपसर्ग न बनाकर उसके अंकों के 9 के पूरक अंकों से बनी संख्या का उपसर्ग बनाते हैं तथा सारी भाजन क्रिया उसी प्रकार करते हैं। यह कार्य मौखिक रूप से ही किया जाएगा। उत्तर लिखते समय उपसर्गों को छोड़ दिया जाएगा।

उदाहरण (1) : $\frac{16}{81}$ को सहायक भिन्न की सहायता से सरल करो।

हल : $\frac{16}{81}$ का सहायक भिन्न $\frac{15}{80}$ अर्थात् $\frac{1.5}{8}$

$$\frac{16}{81} = .\,{}_{7}1\ {}_{6}9\ {}_{4}7\ {}_{2}5\ {}_{0}3\ {}_{6}0\ {}_{5}8\ {}_{3}6\ {}_{1}4\ {}_{7}1 \ldots\ldots$$

$$= .\,\dot{1}\ 9\ 7\ 5\ 3\ 0\ 8\ 6\ \dot{4}$$

स्पष्टीकरण : 1.5 में 8 का भाग देने पर दशमलव के बाद भजनफल अंक 1 लिखा तथा 7 पहला अवशेष मिलता है।

अब 8 का भाग 71 में न देकर 78 में देंगे तथा भजनफल अंक 9 लिखा, 6 दूसरा अवशेष मिला।

अब 8 का भाग 69 में न देकर 60 में देंगे तथा भजनफल अंक 7 लिखा, 4 तीसरा अवशेष मिला।

इसी क्रम में हम क्रिया पूरी करेंगे। उत्तर लिखते समय उपसर्गों को छोड़ देते हैं।

अतः उत्तर $.\,\dot{1}\ 9\ 7\ 5\ 3\ 0\ 8\ 6\ \dot{4}$ प्राप्त हुआ।

उदाहरण (2) : $\frac{23}{201}$ को सहायक भिन्न द्वारा सरल करो।

हल : $\frac{23}{201}$ का सहायक भिन्न $\frac{22}{200}$ अर्थात् $\frac{.22}{2}$

$$\frac{23}{201} = .\ {}_{0}11\ {}_{0}44\ {}_{1}27\ {}_{0}86\ {}_{1}06\ {}_{1}96........$$
$$= .\ 11\ 44\ 27\ 86\ 06\ 96........$$

स्पष्टीकरण : यहाँ पर 22 में 2 का भाग देने पर भजनफल 11 तथा अवशेष 0 है। अतः 0 को 11 का उपसर्ग बनाएँगे। अब अगली पैड़ी में 2 का भाग 011 में न देकर 088 में दिया जाएगा तथा भजनफल 44 एवं अवशेष 0 प्राप्त होता है। अतः 0 को 44 का उपसर्ग बनाएँगे।

पुनः अगली पैड़ी में 2 का भाग 044 में न देकर 055 में दिया जाएगा, जिसके फलस्वरूप भजनफल 27 तथा अवशेष 1 प्राप्त होता है। इस बार 1 को 27 का उपसर्ग बनाएँगे तथा 2 का भाग 127 में न देकर 172 में देंगे। इस क्रम से आगे की क्रिया पूरी करेंगे। उत्तर लिखते समय उपसर्गों को छोड़ देंगे।

इस प्रकार प्राप्त उत्तर 0. 11 44 27 86 06 96..........

उदाहरण (3) : $\frac{17}{1001}$ को सहायक भिन्न द्वारा सरल करो।

हल : $\frac{17}{1001}$ का सहायक भिन्न $\frac{16}{1000}$ अर्थात् $\frac{.016}{1}$

$$\frac{17}{1001} = .\ {}_{0}016\ {}_{0}983\ {}_{0}016........$$
$$= .\ \dot{0}\ 1\ 6\ 9\ 8\ \dot{3}$$

3. सहायक भिन्नों का व्यापीकरण

(क) प्रथम प्रकार की सहायक भिन्न का व्यापीकरण : दी हुई भिन्न के हर को निकटतम दस की गुणज संख्या से स्थानापन्न करते हैं। हर का इस दस की गुणज संख्या से विचलन ज्ञात करते हैं। हर के स्थानापन्न करने के बाद हर से शून्य हटाने की क्रिया की जाती है। शून्य हटाने की क्रिया के बाद भाग क्रिया की जाती है तथा अवशेष को भजनफल का उपसर्ग बनाकर लिखते हैं। अब भजनफल में चिह्न परिवर्तित विचलन का गुणा कर प्राप्त गुणनफल का अवशेष को उपसर्ग बनाकर नया भाज्य प्राप्त करते हैं, जिसमें अतिरिक्त अंक हासिल के रूप में लेते हैं। यह पैड़ी अंकित नहीं की जाएगी तथा आगे क्रम इसी प्रकार चलता रहेगा। यहाँ 'आनुरूप्य' सूत्र का

उपयोग किया जाता है।

उत्तर लिखते समय उपसर्ग छोड़ दिए जाते हैं।

उदाहरण (1) : $\frac{11}{17}$ को सहायक भिन्न द्वारा सरल करो।

हल : $\frac{11}{17}$ की सहायक भिन्न $\frac{11}{20}$ अर्थात् $\frac{1.1}{2}$ यहाँ विचलन $\overline{3}$।

अतः $\frac{11}{17} = .{}_{1}5\ {}_{1}(1)2\ {}_{0}(2)3\ {}_{1}(3)4\ {}_{0}(5)6\ {}_{0}(8)4$ ....

स्पष्टीकरण : 1.1 में 2 का भाग देने पर दशमलव के बाद भजनफल अंक 5 तथा प्रथम अवशेष 1।

प्रथम अवशेष 1 के भजनफल अंक 5 का उपसर्ग बनाकर लिखा।

प्रथम भजनफल अंक 5 को विचलन $\overline{3}$ से गुणा कर गुणनफल का चिह्न बदलने पर प्राप्त संख्या (1) 5 का प्रथम अवशेष का उपसर्ग बनाते हैं। अतः द्वितीय भाज्य ${}_{1}(1)5 = 25$।

2 से 25 को भाग देने पर द्वितीय भजनफल (1)2 तथा द्वितीय अवशेष 1।

द्वितीय अवशेष 1 को द्वितीय भजनफल (1)2 का उपसर्ग बनाकर लिखते हैं।

द्वितीय भजनफल (1)2 को विचलन $\overline{3}$ से गुणा कर गुणनफल का चिह्न बदलने पर प्राप्त संख्या (3)6 का द्वितीय अवशेष को उपसर्ग बनाने पर तृतीय भाज्य ${}_{1}(3)6 = 46$।

2 से 46 को भाग देने पर तृतीय भजनफल (2)3 तथा तृतीय अवशेष 0.

यह प्रक्रिया इस प्रकार आगे भी चलती रहेगी। यहाँ पर अतिरिक्त अंक को हासिल के रूप में ग्रहण किया जाता है तथा उत्तर में उपसर्ग को छोड़ देते हैं।

अतः $\frac{11}{17} = .6470$ ....

नोट : आगे के क्रम में भजनफल बड़े होते जा रहे हैं तथा हासिल के अंकों की बढ़ती संख्या परेशानी बढ़ा रही है। इस परेशानी को समाप्त करने के लिए आवश्यकतानुसार भजनफल और बढ़ाकर अवशेष ऋणात्मक लेते हैं।

उपर्युक्त उदाहरण में इस समस्या का समाधान इस प्रकार होगा—

$$\frac{11}{17} = .{}_{\overline{1}}6\ {}_{0}4\ {}_{0}6\ {}_{\overline{2}}(1)0\ {}_{0}5\ {}_{1}7\ {}_{\overline{2}}(1)2\ {}_{0}8\ {}_{\overline{2}}(1)3\ldots\ldots\ldots\ldots$$

$= .6\ 4\ 7\ 0\ 5\ 8\ 2\ 9$............

उदाहरण (2) : $\frac{11}{203}$ को सहायक भिन्न द्वारा सरल करो।

हल : $\frac{11}{203}$ की सहायक भिन्न $\frac{11}{200}$ अर्थात् $\frac{.11}{2}$ यहाँ विचलन 3।

अत: $\frac{11}{203} = .\ {}_{1}05\ {}_{1}42\ {}_{0}13\ {}_{1}19\ {}_{1}21$...........

$= .0\ 5\ 4\ 1\ 8\ 7\ 1\ 9\ 2$.............

(ख) द्वितीय प्रकार की सहायक भिन्न का व्यापीकरण : दी हुई भिन्न के हर को निकटतम दस की गुणज संख्या से स्थानापन्न करते हैं। हर का इस दस की गुणज संख्या से विचलन ज्ञात कर उसे अंश से घटाते हैं। इसके उपरांत हर से शून्य हटाने की क्रिया की जाती है। शून्य हटाने की क्रिया के बाद भाग की क्रिया संपन्न की जाती है तथा प्राप्त अवशेष को भजनफल का उपसर्ग बनाकर लिखते हैं। आगे की क्रिया संपन्न करने हेतु मौखिक रूप से भजनफल अंकों के 9 के पूरक अ्ंक प्राप्त कर उसके साथ विचलन का गुणा करते हैं। प्राप्त गुणनफल का अवशेष को उपसर्ग बनाकर नया भाज्य प्राप्त करते हैं तथा भाग क्रिया करते हैं। प्राप्त अवशेष को भजनफल का उपसर्ग बनाकर लिखते हैं। यह क्रम इसी प्रकार चालू रहता है। उत्तर के लिए दशमलव के बाद भजनफल अंकों को क्रमशः लिख देते हैं तथा अवशेषों को छोड़ दिया जाता है। इस क्रिया में भजनफल के अतिरिक्त अंक हासिल के रूप में प्रयोग किए जाते हैं।

उदाहरण (1) : $\frac{14}{22}$ को सहायक भिन्न द्वारा सरल करो।

हल : $\frac{14}{22}$ की सहायक भिन्न $\frac{12}{20}$ अर्थात् $\frac{1.2}{2}$ यहाँ विचलन 2

$\frac{14}{22} = .\ {}_{0}6\ {}_{0}3\ {}_{0}6\ {}_{0}3$ ....

$= .\ 6\ 3\ 6\ 3.........$

स्पष्टीकरण : 1.2 में 2 का भाग देने पर दशमलव के बाद प्रथम भजनफल अंक 6 तथा प्रथम अवशेष 0।

प्रथम अवशेष 0 को भजनफल 6 का उपसर्ग बनाकर लिखा। प्रथम भजनफल अंक 6 का 9 के पूरक 3 के साथ विचलन 2 का गुणा करने पर गुणनफल 6 प्राप्त हुआ। अब प्रथम अवशेष 0 को 6 का उपसर्ग बनाकर दूसरा भाज्य 06 प्राप्त हुआ। इसे 2 से भाग देने पर द्वितीय भजनफल 3 तथा अवशेष 0 प्राप्त हुआ।

द्वितीय अवशेष 0 को द्वितीय भजनफल 3 का उपसर्ग बनाया। द्वितीय भजनफल अंक 3 के 9 का पूरक 6 है, जिसके साथ विचलन 2 का गुणा करने पर गुणनफल (1)2 प्राप्त हुआ।

अब द्वितीय अवशेष 0 को (1)2 का उपसर्ग बनाकर तीसरा भाज्य 12 प्राप्त हुआ। इसे 2 से भाग देने पर तृतीय भजनफल 6 तथा तृतीय अवशेष 0 प्राप्त हुआ। तृतीय अवशेष 0 को तृतीय भजनफल 6 का उपसर्ग बनाया तथा क्रिया इसी क्रम में आगे भी चालू रखी। अंत में उपसर्गों को छोड़कर ऊपर की पंक्ति को उत्तर के रूप में लिख देंगे।

अत: $\frac{14}{22} = .\ 6\ 3\ 6\ 3\ 6\ 3..........$

उदाहरण (2) : $\frac{14}{23}$ को सहायक भिन्न द्वारा सरल करो।

हल : $\frac{14}{23}$ की सहायक भिन्न $\frac{11}{20}$ अर्थात् $\frac{1.1}{2}$ यहाँ विचलन 3.

$$\frac{14}{23} = .\ {}_{1}5\ {}_{0}(1)1\ {}_{0}\bar{3}\ {}_{0}(1)8\ {}_{1}(\bar{1})\bar{4}\ {}_{1}(3)7\ ....$$

$$= .\ 6\ 1\ \bar{2}\ 7\ \bar{1}...........$$

$$= .\ 6\ 0\ 8\ 6\ 9...............$$

उदाहरण (3) : $\frac{15}{33}$ को सहायक भिन्न की सहायता से सरल करो।

हल : $\frac{15}{33}$ की सहायक भिन्न $\frac{12}{30}$ अर्थात् $\frac{1.2}{3}$ यहाँ विचलन 3.

$$\frac{15}{33} = .\,{}_{0}4\;{}_{0}5\;{}_{0}4\;{}_{0}5\;\ldots\ldots\ldots$$

$$= .\,4\;5\;4\;5\;\ldots\ldots\ldots$$

उदाहरण (4) : $\frac{15}{39}$ को सहायक भिन्न की सहायता से सरल करो।

हल : $\frac{15}{39}$ की सहायक भिन्न $\frac{16}{40}$ अर्थात $\frac{1.6}{4}$ यहाँ विचलन $\bar{1}$।

$$\frac{15}{39} = .\,{}_{0}4\;{}_{3}\bar{2}\;{}_{3}4\;{}_{1}6\;{}_{3}1\;{}_{1}5\;\ldots\ldots\ldots$$

$$= .\,3\;8\;4\;6\;1\;5\;\ldots\ldots\ldots$$

नोट्र : भजनफल ऋणात्मक न आए, इसके लिए पूर्व भजनफल को वास्तविक मान से 1 न्यून लेकर आगे बढ़ते हैं तथा आगे भी इस बात का ध्यान रखते हैं।

❑

अध्याय 11

आवर्ती दशमलव

परिमेय संख्याओं की विशेषता यह है कि ये अनावर्ती, आवर्ती या अंशावर्ती दशमलव संख्याओं के रूप में निरूपित की जा सकती हैं।

(i) वे परिमेय संख्याएँ जो अपने सरलतम रूप में हर में केवल 2 या 5 के एक या अधिक घातवाले गुणनखंड रखती हैं, अनावर्ती दशमलव संख्याओं के रूप में निरूपित की जा सकती हैं।

जैसे— $\frac{1}{2} = .5$, $\frac{5}{2^2} = 1.25$, $\frac{4}{5} = .8$, $\frac{21}{5^2} = .84$,

$\frac{7}{10} = .7$, $\frac{17}{20} = .85$, $\frac{31}{50} = .62$ आदि।

(ii) वे परिमेय संख्याएँ जो अपने सरलतम रूप में अपने हर में केवल 2 तथा 5 से भिन्न रूढ़ संख्याओं 3, 7, 11, 13, 17......... आदि के एक या अधिक घात के गुणनखंड रखती हैं, आवर्ती दशमलव संख्याओं के रूप में निरूपित की जा सकती हैं।

जैसे $\frac{1}{3} = .3333 .... = .\dot{3}$

$\frac{2}{7} = .285714285714285714 .... = .\dot{2}8571\dot{4}$

$\frac{3}{11} = .272727 .... = .\dot{2}\dot{7}$

$$\frac{4}{9} = .\ 4\ 4\ 4\ 4\ 4 \ldots\ldots\ldots\ldots = .\dot{4}$$

$$\frac{5}{99} = .\ 0\ 5\ 0\ 5\ 0\ 5 \ldots\ldots = .\ \dot{0}\dot{5}$$

दशमलव के बाद जिन अंकों की आवृत्ति होती है उनमें से प्रारंभिक एवं अंतिम अंक पर आवृत्ति बिंदु लगा दिए जाते हैं।

(iii) वे परिमेय संख्याएँ जो अपने सरलतम रूप में अपने हर में 2 या 5 की एक या एक से अधिक घातवाले गुणनखंड तथा 3, 7, 11, 13........ में से किन्हीं संख्याओं के एक या एक से अधिक घातों के गुणनखंड हैं, अंशावर्ती दशमलव संख्याओं के रूप में निरूपित की जा सकती हैं।

जैसे $\frac{4}{15} = .\ 2\ 6\ 6\ 6\ 6 \ldots\ldots\ldots = .\ 2\dot{6}$

$$\frac{3}{35} = .\ 085714\ 2857142 \ldots\ldots\ldots\ldots = .\ 0\dot{8}57142\dot{}$$

I. मूल भिन्नें — वे भिन्नें जिनका अंश इकाई हो, मूल भिन्न कहलाती हैं; जैसे $\frac{1}{7}$, $\frac{1}{17}$, $\frac{1}{49}$, ...आदि।

इन मूल भिन्नों में हर के इकाई के अंक 1, 3, 7, 9 होंगे, यदि हर 2 या 5 से अविभाजित है।

उन मूल भिन्नों में जिनमें हर के इकाई के अंक 1, 3, 7, 9, हैं संगत आवर्ती दशमलव भिन्न के अंतिम अंक क्रमशः 9, 3, 7, 1 होंगे।

उदाहरण : $\frac{1}{11} = .\ \dot{0}\ \dot{9}$

$$\frac{1}{23} = .\ \dot{0}\ 4\ 3\ 4\ 7\ 8\ 2\ 6\ 0\ 8\ 6\ 9\ 5\ 6\ 5\ 2\ 1\ 7\ 3\ 9\ 1\ \dot{3}$$

$$\frac{1}{7} = .\ \dot{1}\ 4\ 2\ 8\ 5\ \dot{7}$$

$$\frac{1}{19} = .\ \dot{0}\ 5\ 2\ 6\ 3\ 1\ 5\ 7\ 8\ 9\ 4\ 7\ 3\ 6\ 8\ 4\ 2\ \dot{1}$$

II. मूल भिन्नों से आवर्ती दशमलव भिन्न प्राप्त करना

1. प्रथम विधि (आनुरूप्येण सूत्र द्वारा) : मूल भिन्नों के प्रकरण में हम प्रथम भाज्य 1 लेंगे।

भाजक हर के बराबर होगा।

परंपरागत तरीके से $\frac{1}{7}$ को दशमलव भिन्न में बदलने के लिए 7 का भाग 1 में देंगे। भजनफल 0 होगा, अतः अब दशमलव अंकों का प्रारंभ होगा। शेषफल 1 को गर्भस्थ शेषफल कहते हैं। अब शेष में आगे भाग देने के लिए शेषफल को 0 का उपसर्ग बनाते हैं तथा इस संख्या 10 को प्रथम भाज्य मानकर भाजक 7 से भाग क्रिया करेंगे तथा प्रथम भजनफल 1 तथा प्रथम शेषफल 3 प्राप्त होता है। प्रथम शेषफल 3 को 0 का उपसर्ग बनाकर द्वितीय भाज्य 30 प्राप्त करते हैं। 30 में 7 का भाग देने पर द्वितीय भजनफल 4 तथा द्वितीय शेषफल 2 प्राप्त होता है।

भाग क्रिया को इसी प्रकार करते रहने पर हमें भजनफल के स्थान से दशमलव अंकों को प्राप्त कर अभीष्ट दशमलव भिन्न प्राप्त हो जाती है।

```
    0 . 1 4 2 8 5 7......
 7 ) 1              मूल भाज्य 1, भजनफल 0,
    -0              गर्भस्थ शेष 1
    ---
     10
    -7
    ---
     30          भाज्य क्रमशः:     10, 30, 20, 60, 40, 50,....
    -28
    ----
      20         भजनफल क्रमशः: 1,  4,  2,  8,  5,  7,....
     -14
     ----
       60        शेषफल क्रमशः:  3,  2,  6,  4,  5,  1,....
      -56
      ----
        40
       -35
       ----
         50
        -49
        ----
          1
```

गर्भस्थ शेषफल 1 तथा प्रथम अवशेष 3 के अनुपात 1:3 को सार्व अनुपात तथा 3 को प्रथम पद मानकर गुणोत्तर श्रेणी बनाने पर 3, 9, 27, 81, 243, 729,........ इन संख्याओं को 7 के पैमाने पर नापने पर ये क्रमशः 3, 2, 6, 4, 5, 1........... प्राप्त होते हैं, जोकि पूर्वोक्त शेषफल ही हैं।

अतः प्रथम, द्वितीय, तृतीय,........... भाज्य क्रमशः 10, 30, 20, 60, 40, 50,............. होंगे।

इनमें क्रमशः मन-ही-मन 7 का भाग देकर आगे या पीछे चलते हुए इच्छानुसार सभी भजनफल अंकों को प्राप्त कर सकते हैं। इस प्रकार $\frac{1}{7}$ के लिए आवर्ती दशमलव भिन्न $\dot{1}\,4\,2\,8\,5\,\dot{7}$ प्राप्त हो जाती है।

2. द्वितीय विधि ('शेषाण्यङ्केन चरमेण' सूत्र के द्वारा) : सूत्र का अर्थ है अवशेष को अंतिम अंक के द्वारा। यहाँ द्वारा शब्द गुणन प्रक्रिया का द्योतक है। इस प्रक्रिया में भाज्य अंकों को न लिखकर अवशेष अंकों को गर्भस्थ अवशेष के उपरांत के क्रम में लिखकर उसका अंत गर्भस्थ अवशेष से करेंगे तथा प्रत्येक अवशेष को आवर्ती दशमलव भिन्न के अंतिम दशमलव अंक से गुणा करके गुणनफल का अंतिम अंक अवशेष के नीचे लिख देते हैं।

$\frac{1}{7}$ के प्रकरण में अवशेष क्रमशः 3 2 6 4 5 1 चूँकि $\frac{1}{7}$ को आवर्ती दशमलव भिन्न में बदलने पर अंतिम अंक 7 होगा। अतः प्रत्येक अवशेष को 7 से गुणा करके अंतिम अंक लिखने पर

$$\begin{array}{cccccc} 3 & 2 & 6 & 4 & 5 & 1 \quad (\times 7) \\ {}_{2}1 & {}_{1}4 & {}_{4}2 & {}_{2}8 & {}_{3}5 & 7 \end{array}$$

अतः $\frac{1}{7} = .\dot{1}\,4\,2\,8\,5\,\dot{7}$

3. तृतीय विधि : इस विधि में भजनफल अंकों में 9 का पूरक नियम लगता है। जब शेषफल भिन्न के हर ~ अंश के बराबर आ जाता है तो भाग देना बंद करके शेष भजनफल अंकों को पहले लिखे गए भजनफल अंकों के 9 के पूरक अंकों को क्रमशः लिखकर अधूरा कार्य आसानी से पूर्ण कर लिया जाता है।

जैसे $\frac{1}{7}$ के प्रकरण में तीसरी पैड़ी में अवशेष (7 ~ 1) = 6 आ जाता है।

```
      .142
7 ) 10
    -7
  ----
     30
    -28
  ----
     20
    -14
  ----
      6
```

प्रथम तीन अवशेष क्रमशः 3, 3^2 (मापांक 7)= 2, 2 × 3 = 6, अब आगे के अवशेष नहीं लिखेंगे। अतः प्रथम तीन भजनफल अंक 7 से अवशेषों के गुणनफल के अंतिम अंक लिखने पर 1, 4, 2,

भजनफल के तीन अंक 9 के पूरक नियम से 8, 5, 7, होंगे।

अतः $\frac{1}{7} = .\dot{1}\,4\,2\,8\,5\,\dot{7}$

4. चतुर्थ विधि ('एकाधिकेन' सूत्र द्वारा) : इस विधि से आवर्ती भिन्न के प्रश्नों को हल करने की विधि को दो वर्गों गें तिभाजित करेंगे।

(i) उन मूल भिन्नों के लिए जिनके हर के इकाई का अंक 9 है : 'एकाधिकेन पूर्वेण' का अर्थ है पहलेवाले से एक अधिक के द्वारा।

संबंध सूचक 'के द्वारा' सूत्र में यह दर्शाता है कि उपयुक्त गणितीय कार्य या तो गुणन अथवा भाग है; क्योंकि जोड़ या घटाने में क्रमशः 'को' अथवा 'से' संबंध सूचक होता है। परंतु 'के द्वारा' संबंध सूचक शब्द का उपयोग सूत्र में हुआ है, अतः यहाँ गुणन या भाग की क्रिया का होना स्पष्ट है।

(क) गुणन विधि : चूँकि हर का अंतिम अंक 9 है। एकाधिक करने पर उपांतिम अंक पहले से एक अधिक तथा अंतिम अंक शून्य हो जाएगा। अतः गुणन की संक्रिया हर के उपांतिम अंक द्वारा संपन्न की जाएगी। चूँकि आवर्ती दशमलव भिन्न का इस प्रकरण में अंतिम अंक 1 होगा। हम 1 को दाहिने सिरे पर लिखते हैं। इस अंतिम अंक को एकाधिक पूर्व से गुणा करते हैं और गुणनफल के इकाई अंक अंतिम अंक के बाईं ओर लिख लेते हैं तथा शेष अंकों को हासिल के रूप में लेते हैं।

अब पुनः अंतिम से द्वितीय अंक को एकाधिक पूर्व से गुणा करते हैं तथा हासिल को उसमें जोड़कर फिर इकाई का अंक अंतिम से तृतीय स्थान पर रख देते हैं। इस क्रिया को इसी क्रम में चालू रखते हुए अंकों की आवृत्ति शुरू होते ही कार्य समाप्त कर देते हैं। तब प्रथम और अंतिम अंक में आवर्ती बिंदु लगा देते हैं तथा इस आवर्ती संख्या से पूर्व दशमलव चिह्न लगा देते हैं।

उदाहरण : $\frac{1}{19}$ के प्रकरण को लें। हर का अंतिम अंक 9 तथा उपांतिम अंक 1 है। यहाँ एकाधिक पूर्व 2 होगा। चूँकि आवर्ती दशमलव भिन्न का अंतिम अंक 1 होगा, अतः 1 को दाहिनी ओर लिखेंगे। 1 को एकाधिक पूर्व 2 से गुणा करके 2 को 1 के बाईं ओर लिखेंगे। फिर 2 को 2 से गुणा करके प्राप्त 4 को 2 के बाईं ओर लिखेंगे। इसके बाद 4 को 2 से गुणा करके प्राप्त 8 को 4 के बाईं ओर लिखेंगे। अब 8 को 2 से गुणा करके प्राप्त 16 के इकाई के अंक 6 को 8 के बाईं ओर लिखेंगे तथा 1 को हासिल के रूप में ग्रहण करेंगे। अब 6 को 2 से गुणा करके प्राप्त 12 में हासिल 1 जोड़कर प्राप्त 13 के इकाई अंक 3 को 6 के बाईं ओर लिखेंगे तथा पुनः 1 को हासिल लेंगे। इस प्रकार क्रिया करते हुए जब हम देखते हैं कि अंकों की आवृत्ति प्रारंभ हो गई है, हम कार्य बंद कर आवर्ती बिंदु तथा दशमलव चिह्न लगाते हैं। इस प्रकरण में 18 अंकों के बाद अंकों की आवृत्ति होती है, अतः अठारहवें अंक 0 पर क्रिया बंद कर देते हैं तथा आवर्ती बिंदु तथा दशमलव चिह्न लगा देते हैं।

$${}_{1}0\ 5_1\ 2\ 6\ 3_1\ 1_1\ 5_1\ 7_1\ 8\ 9_1\ 4\ 7_1\ 3_1\ 6\ 8\ 4\ 2\ 1$$

अतः $\frac{1}{19} = \dot{0}\ 5\ 2\ 6\ 3\ 1\ 5\ 7\ 8\ 9\ 4\ 7\ 3\ 6\ 8\ 4\ 2\ \dot{1}$

(ख) भाग विधि : यह विधि सहायक भिन्न के प्रकरण में समझाई गई है। यहाँ पर प्रथम प्रकार की सहायक भिन्न काम आती है।

प्रथम प्रकार की सहायक भिन्नें उन भिन्नों को सरल करने में प्रयोग की जाती हैं, जिनके हर का इकाई का अंक 9 है।

ऐसी भिन्नों को सरल करने हेतु सहायक भिन्न प्राप्त करने के लिए हर के पूर्वांतक अंक को 1 अधिक करके अंतिम अंक के स्थान पर शून्य रख देते हैं। यहाँ सूत्र 'एकाधिकेन पूर्वेण' का प्रयोग किया जाता है। सहायक भिन्न से अभीष्ट दाशमिक भिन्न प्राप्त करने हेतु हर के अंतिम स्थान से शून्य हटाकर अंश के उतने ही स्थान दशमलव को बाईं ओर हटाया जाता है। अंत में भाग

की क्रिया संपन्न की जाती है; परंतु ध्यान यह रखा जाता है कि भाजन क्रिया की हर पैड़ी में अवशेष को शून्य का उपसर्ग न बनाकर प्रत्येक भजनफल अंक का उपसर्ग बनाते हैं।

उदाहरण : $\frac{1}{19}$ का सहायक भिन्न $\frac{1}{20}$ अर्थात् $\frac{.1}{2}$

अतः $\frac{1}{19} = .\,{}_{1}0\,{}_{0}5\,{}_{1}2\,{}_{0}6\,{}_{0}3\,{}_{1}1\,{}_{1}5\,{}_{1}7\,{}_{1}8\,{}_{0}9\,{}_{1}4\,{}_{0}7\,{}_{1}3\,{}_{1}6\,{}_{0}8\,{}_{0}4\,{}_{0}2\,{}_{0}1........$

$= .\dot{0}\,5\,2\,6\,3\,1\,5\,7\,8\,9\,4\,7\,3\,6\,8\,4\,2\,\dot{1}$

संक्षिप्तीकरण : जब हम ~ अंश की संख्या तक पहुँचें तब हम आधी गणना समाप्त कर चुके होते हैं। अतः यहाँ पर भाग क्रिया को रोककर आगे के अंकों को प्रारंभ से लिखे अंकों के 9 के पूरक अंक लिखकर कार्य को और आसान कर सकते हैं।

$.\,{}_{1}0{}_{0}5{}_{1}2{}_{0}6{}_{0}3{}_{1}1{}_{1}5{}_{1}7{}_{1}8$

भाग की नवीं पैड़ी के बाद 18 प्राप्त होता है, जोकि हर ~ अंश अर्थात् 19 ~ 1 = 18 के समान है। अतः आगे के अंकों 0, 5, 2, 6, 3, 5, 7, 8 के 9 के पूरक 9, 4, 7, 3, 6, 4, 2, 1 लिख देने पर कार्य पूरा हो जाता है।

(ii) उन मूल भिन्नों के लिए जिनके हर के इकाई के अंक 1, 3, 7 में से कोई अंक हैं :

(क) गुणन विधि : उन मूल भिन्नों के, जिनके हर के इकाई के अंक 1, 3, 7, में से कोई अंक हैं, तुल्य आवर्ती दशमलव भिन्न के अंतिम अंक क्रमशः 9, 3, 7, होंगे। इस विधि में मूल भिन्न के हर के इकाई के अंक को 9 बनाने के लिए हर के इकाई के अंक 1, 3, 7, होने की स्थिति में अंश तथा हर में क्रमशः 9, 3, 7, से गुणा करना होता है। अब प्राप्त हर के अंतिम अंक के एकाधिक पूर्व से तुल्य आवर्ती दशमलव भिन्न के अंतिम अंक (9, 3, 7) को गुणा करने पर संख्या के इकाई के अंक से भिन्न के तुल्य आवर्ती दशमलव संख्या का अंत से दूसरा अंक प्राप्त होता है तथा शेष अंकों को हासिल के रूप में ग्रहण किया जाता है। अब एकाधिक पूर्व से अंतिम अंक को गुणा करके गुणनफल में हासिल जोड़कर उसके इकाई के अंक को अंतिम अंक के बाईं ओर लिखते हैं तथा शेष अंकों से बनी संख्या को हासिल के रूप में लेते हैं। अब पुनः एकाधिक पूर्व से अंतिम से द्वितीय अंक को गुणा करके उसमें हासिल

जोड़कर इकाई के अंक को अंतिम अंक से द्वितीय अंक के बाईं ओर लिख देंगे तथा शेष अंकों से बनी संख्या को हासिल के रूप में लेते हैं। इसी प्रकार हम प्रक्रिया चालू रखेंगे जब तक कि अंकों की आवृत्ति प्रारंभ न हो जाय। जैसे ही आवृत्ति प्रारंभ होती है, हम दशमलव चिह्न लगा देंगे तथा प्रथम तथा अंतिम अंकों के ऊपर आवर्ती बिंदु लगा देंगे।

जैसे : $\frac{1}{11} = \frac{9}{99}$

99 का एकाधिक पूर्व 10 है।

चूँकि आवर्ती दशमलव भिन्न का अंतिम अंक 9 होगा। 10 से 9 को गुणा करने पर 90। अत: आवर्ती दशमलव भिन्न का अंत से दूसरा अंक 0 प्राप्त होगा तथा 9 को हासिल के रूप में ग्रहण करेंगे। अब 10 का 0 में गुणा करके हासिल 9 जोड़ने पर 9 प्राप्त हुआ। अत: आवृत्ति प्रारंभ हो गई इस कारण से गुणन की क्रिया अंतिम से दूसरे अंक के बाद ही रोक देंगे तथा 0 और 9 के ऊपर आवर्ती बिंदु रखेंगे तथा 0 से पूर्व दशमलव भी।

अब $\frac{1}{11} = .\dot{0}\,\dot{9}$

अन्य उदाहरण : $\frac{1}{23}$ को आवर्ती दशमलव भिन्न के रूप में लिखो।

हल : $\frac{1}{23} = \frac{3}{69}$

69 के लिए एकाधिक पूर्व 7 होगा। तुल्य आवर्ती दशमलव भिन्न का अंतिम अंक 3 होगा, जिसे दाहिनी ओर लिखेंगे।

3 में 7 का गुणा करने पर 21 आया जिसके इकाई के अंक 1 को 3 के बाईं ओर लिखेंगे तथा 2 को हासिल। अब 7 का 1 में गुणा करके हासिल 2 जोड़ेंगे तथा प्राप्त 9 को 1 के बाईं ओर लिखेंगे। यह प्रक्रिया तब तक चालू रहेगी, जब तक कि अंकों की आवृत्ति प्रारंभ न हो जाए।

$$_{3}0_{2}4_{3}3_{5}4_{5}7_{1}8_{4}26_{6}0_{4}8_{6}6_{3}9_{4}5_{3}6_{1}5_{1}2_{5}1_{2}7_{6}39_{2}13$$

आवृत्ति आवर्ती दशमलव भिन्न के अंत से 22 अंक बाद प्रारंभ होती है। अत: इसके बाद गुणन क्रिया रोक देंगे।

अब अंतिम तथा अंत से बाईसवें अंकों के ऊपर आवर्ती बिंदु अंकित करेंगे तथा अंकों से पूर्व दशमलव चिह्न भी लगाएँगे।

$$\frac{1}{23} = .\dot{0}4347826086956521739 1\dot{3}$$

(ख) प्रथम प्रकार की सहायक भिन्न के द्वारा : एकाधिक पूर्व के द्वारा अंश को सतत भाग देते हुए जिसमें कि अवशेष को भजनफल का उपसर्ग बनाया जाता है, आवर्ती दशमलव भिन्न को प्राप्त किया जा सकता है।

उदाहरण (1) : $\frac{1}{11}$ को प्रथम प्रकार की सहायक भिन्न की सहायता से दशमलव भिन्न में बदलो।

हल : $\frac{1}{11} = \frac{9}{99}$

यहाँ एकाधिक पूर्व 10 है। 10 से 9 को भाग देने पर भजनफल 0 तथा शेष 9।

अब 9 को 0 का उपसर्ग बनाया, प्राप्त 90 जो कि 99~9 के समान है, अतः यहीं से 9 का पूरक नियम प्रारंभ हो जाएगा।

अतः आवर्ती दशमलव में केवल दो अंक ही होंगे।

$${}_{9}0\ {}_{0}9$$

$$\therefore \quad \frac{1}{11} = .\dot{0}\dot{9}$$

उदाहरण (2) : $\frac{1}{7}$ को प्रथम प्रकार की सहायक भिन्न की सहायता से आवर्ती दशमलव भिन्न में बदलो।

हल : $\frac{1}{7} = \frac{7}{49}$, यहाँ एकाधिक पूर्व 5 होगा।

5 से 7 को भाग देने पर भजनफल 1 तथा शेष 2। अब 2 को 1 का उपसर्ग बनायेंगे प्राप्त 21 में 5 का भाग देंगे तो भजनफल 4 तथा शेष 1 मिलता है। अब 1 को 4 का उपसर्ग बनायेंगे। प्राप्त 14 में 5 का भाग देंगे तो भजनफल 2 तथा शेष 4 प्राप्त होता है। अब 4 को 2 का उपसर्ग बनाते हैं। इस प्रकार संख्या 42 प्राप्त होती है जोकि हर ~ अंश (42) के समान है। अतः आगे के अंक 9 के पूरक नियम से प्राप्त किए जा सकंते हैं।

$${}_{2}1$$

$${}_{2}1\ {}_{1}4$$

$${}_{2}1\ {}_{1}4\ {}_{4}2$$

इस प्रकार $\frac{1}{7} = .\dot{1}\,4\,2,\,8\,5\,\dot{7}$

(ग) दूसरे प्रकार की सहायक भिन्न के द्वारा : उन भिन्नों को जिनके हर के इकाई के अंक 3 तथा 7 हैं, के हर और अंश को क्रमश: 7 या 5 से गुणा करके ऐसी भिन्नों में बदला जा सकता है, जिनके इकाई के अंक 1 हैं।

फिर इन भिन्नों के अंश तथा हर में से एक-एक घटाकर दूसरी प्रकार की सहायक भिन्न में आसानी से बदला जा सकता है। इस प्रकार हम फिर उसे आवर्ती दशमलव भिन्न में बदल सकते हैं।

यथा $\frac{1}{27} = \frac{3}{81}$, सहायक भिन्न $\frac{2}{80} = \frac{.2}{8}$

$\frac{1}{27} = .{}_{2}0\ {}_{5}3\ {}_{0}7\ {}_{2}0\ {}_{5}3\ {}_{0}7.......... = .\dot{0}3\dot{7}$

(घ) प्रथम प्रकार की व्यापक सहायक भिन्न के द्वारा :

उदाहरण : $\frac{1}{27}$ को प्रथम प्रकार की व्यापक सहायक भिन्न की सहायता से आवर्ती दशमलव भिन्न में बदलो।

हल : $\frac{1}{27}$ की सहायक भिन्न $\frac{1}{30}$ अर्थात $\frac{.1}{3}$ तथा विचलन $\bar{3}$

अत: $\frac{1}{27} = .{}_{1}0\ {}_{1}3\ {}_{2}7\ {}_{1}0\ {}_{1}3\ {}_{2}7...........$

$= .\dot{0}\,3\,\dot{7}$

(ङ) द्वितीय प्रकार की व्यापक सहायक भिन्न के द्वारा :

उदाहरण : $\frac{1}{27}$ को द्वितीय प्रकार की व्यापक सहायक भिन्न की सहायता से आवर्ती दशमलव भिन्न में बदलो।

हल : $\frac{1}{27}$ की द्वितीय प्रकार की व्यापक सहायक भिन्न $\frac{4}{30}$ अर्थात् $\frac{.4}{3}$ तथा विचलन $\bar{3}$।

$$\text{अतः}\quad \frac{1}{27} = .{}_1 1\ {}_1\bar{5}\ {}_1(\bar{1})\bar{1}\ {}_1(\bar{1})\bar{7}\ {}_1(\bar{2})\bar{3}\ {}_1(\bar{2})\bar{9}\ {}_1(\bar{3})\bar{5}$$
$$= .\,1\ \bar{6}\ \bar{2}\ \bar{9}\ \bar{6}\ \bar{2}\ \bar{5}\ldots\ldots\ldots\ldots$$
$$= .\,037037\ldots\ldots\ldots$$

यहाँ दशमलव के कितने अंकों के बाद अंकों की आवृत्ति होती है, अनिश्चित है तथा भजनफल संख्यात्मक दृष्टि से बड़े होते जा रहे हैं। इस समस्या के समाधान के लिए प्रथम ऋणात्मक भजनफल से पूर्ववाले भजनफल को वास्तविक मान से एक न्यून कर लेते हैं। इस प्रश्न में द्वितीय भजनफल ऋणात्मक आ रहा है। अतः प्रथम भजनफल को 1 से 1 न्यून करके 0 लेंगे तथा इसी प्रकार आगे भी इस बात का ध्यान रखेंगे।

$$\text{अतः}\quad \frac{1}{27} = .{}_4 0\ {}_4 3\ {}_1 7\ {}_4 0\ldots\ldots\ldots$$
$$= .\dot{0}\ 3\ \dot{7}$$

III. अवशेष और भजनफल का पूरक चक्र

मूल भिन्न $\frac{1}{7}$ लें तो हम देखते हैं कि क्रमिक अवशेष 3, 2, 6, 4, 5 तथा 1 हैं। हम यह भी जानते हैं कि जब हम 6 (हर-अंश) के समान पर पहुँच जाते हैं तो आधा कार्य समाप्त हो चुकता है तथा पूरक अर्द्धांश शुरू होने वाला है। अब उपर्युक्त 6 अवशेषों को तीन-तीन की दो पंक्तियों में लिखने पर स्तंभानुसार प्रत्येक स्तंभ के अंकों का योग 7 ही आता है।

3	2	6
4	5	1
7	7	7

चूँकि हमारा भाजक 7 है, इसलिए अवशेष 6 से अधिक नहीं आ सकता, अतः 1, 2, 3, 4, 5, 6, ही संभावित अवशेष हैं।

अब $\frac{1}{13}$ लें, क्रमिक अवशेष 10, 9, 12, 3, 4 एवं 1 हैं। इसमें सबसे बड़ा अवशेष 12 है। जब हम इन्हें तीन-तीन अवशेषों की दो पंक्ति में रखते हैं तो स्तंभानुसार योग 13 ही आता है।

10	9	12
3	4	1
13	13	13

इस तरह से यह स्पष्ट हो जाता है कि भजनफल के अर्द्धांश 9 के पूरक हैं, जबकि अवशेषों के अर्द्धांश अपने-अपने भाजक के पूरक हैं।

IV. मूल भिन्नों के गुणज

अब तक हमने मूल भिन्नों का आवर्ती दशमलव मान ज्ञात करने पर विचार किया। अब आगे प्रश्न यह उठता है कि हम उन भिन्नों का आवर्ती दशमलव मान कैसे निकालेंगे, जिनका अंश 1 के अलावा अन्य संख्या है। आओ, देखते हैं।

$$\frac{1}{7} = .\dot{1}4285\dot{7}$$

$$\frac{2}{7} = .\dot{2}8571\dot{4}$$

$$\frac{3}{7} = .\dot{4}2857\dot{1}$$

$$\frac{4}{7} = .\dot{5}7142\dot{8}$$

$$\frac{5}{7} = .\dot{7}1428\dot{5}$$

$$\frac{6}{7} = .\dot{8}5714\dot{2}$$

इन सभी 7 हर वाले उचित भिन्नों में हमने देखा :

(i) $\frac{1}{7}$ वाले 6 अंक ही सभी स्थितियों में मिलते हैं।

(ii) वे सभी $\frac{1}{7}$ वाली दिशा तथा उसी क्रम में हैं।

(iii) वे भिन्न-भिन्न अंकों से शुरू होते हैं पर चक्रीय क्रम बनाए रखते हैं।

इन नियमों की सहायता से, एक से अधिक अंश वाले साधारण भिन्नों का तुल्य आवर्ती दशमलव सरलतापूर्वक लिखा जा सकता है।

$\frac{1}{7} = .\dot{1}4285\dot{7}$ को देखते हुए सात हर वाले अन्य पाँच संभव उचित भिन्नों के तुल्य आवर्ती दशमलव निर्धारित करने के लिए कुछ अन्य सरल विधियाँ भी हैं।

1. आरोही क्रम विधि—मूल भिन्न $\frac{1}{7}$ के तुल्य आवर्ती दशमलव के विभिन्न अंकों को परिमाण आरोही क्रम में अंकित करते हैं।

यथा $\frac{1}{7} = .\dot{1}\ 4\ 2\ 8\ 5\ \dot{7}$

(1) (3) (2) (6) (4) (5)

1 सबसे छोटा अंक है इसलिए $\frac{1}{7}$ का चक्र 1 से प्रारंभ होता है और बाएँ से दाएँ चलता है।

2 दूसरा अंक है इसलिए $\frac{2}{7}$ का चक्र 2 से प्रारंभ होगा।

$$\frac{2}{7} = .\dot{2}\ 8\ 5\ 7\ 1\ \dot{4}$$

4 तीसरा अंक है इसलिए $\frac{3}{7}$ का चक्र 4 से प्रारंभ होगा।

$$\frac{3}{7} = .\dot{4}\ 2\ 8\ 5\ 7\ \dot{1}$$

5 चौथा अंक है इसलिए $\frac{4}{7}$ का चक्र 5 से प्रारंभ होगा।

$$\frac{4}{7} = .\dot{5}\ 7\ 1\ 4\ 2\ \dot{8}$$

7 पाँचवाँ अंक है इसलिए $\frac{5}{7}$ का चक्र 7 से प्रारंभ होगा।

$$\frac{5}{7} = .\dot{7}\,1\,4\,2\,8\,\dot{5}$$

8 छठवाँ अंक है इसलिए $\frac{6}{7}$ का चक्र 8 से प्रारंभ होगा।

$$\frac{6}{7} = .\dot{8}\,5\,7\,1\,4\,\dot{2}$$

दोष : कुछ प्रकरणों में अंक एक से अधिक बार आएँगे तो हम उनका क्रमांकन किस प्रकार करेंगे?

यथा $\frac{1}{17} = .\dot{0}\,5\,8\,8\,2\,3\,5\,2\,9\,4\,1\,1\,7\,6\,4\,\dot{7}$

निवारण : इस समस्या का समाधान आसान है। उपर्युक्त उदाहरण में पहले 8 से अगला अंक 8 है। अतः 88 बना, दूसरे 8 से अगला अंक 2 है अतः 82 बना। परंतु 82 < 88

अतः 82 वाले 8 का क्रमांक 88 वाले 8 के क्रमांक से पहले होगा।

इस प्रकार $\frac{1}{17}$ के प्रकरण में क्रमांकन इस प्रकार होगा।

$$\frac{1}{17} = \underset{(1)}{\dot{0}}\ \underset{(10)}{5}\ \underset{(15)}{8}\ \underset{(14)}{8}\ \underset{(4)}{2}\ \underset{(6)}{3}\ \underset{(9)}{5}\ \underset{(5)}{2}\ \underset{(16)}{9}\ \underset{(7)}{4}\ \underset{(2)}{1}\ \underset{(3)}{1}\ \underset{(13)}{7}\ \underset{(11)}{6}\ \underset{(8)}{4}\ \underset{(12)}{\dot{7}}$$

$\frac{1}{17}$ का चक्र 05 से प्रारंभ होता है। अतः $\frac{2}{17}$, $\frac{3}{17}$, $\frac{4}{17}$, $\frac{5}{17}$, $\frac{6}{17}$, $\frac{7}{17}$, $\frac{8}{17}$, $\frac{9}{17}$, $\frac{10}{17}$, $\frac{11}{17}$, $\frac{12}{17}$, $\frac{13}{17}$, $\frac{14}{17}$, $\frac{15}{17}$ तथा $\frac{16}{17}$ के चक्र क्रमशः 11, 17, 23, 29,

35, 41, 47, 52, 58, 64, 70, 76, 82, 88 एवं 94 से प्रारंभ होंगे।

उन प्रकरणों में, जिनमें तुल्य आवर्ती दशमलव में अंकों की संख्या हर–1 से कम होती है, क्या करेंगे? ऐसा ही प्रकरण $\frac{1}{13}$ का लें। इसके संभव गुणज तो 12 हैं तथा तुल्य आवर्ती दशमलव में केवल 6 अंक हैं।

$\frac{1}{13} = .\dot{0}\ 7\ 6\ 9\ 2\ \dot{3}$ (1) (10) (9) (12) (3) (4) अत: $\frac{2}{13} = .\dot{1}\ 5\ 3\ 8\ 4\ \dot{6}$ (2) (7) (5) (11) (6) (8)

$\frac{3}{13} = .\dot{2}\ 3\ 0\ 7\ 6\ \dot{9}$, $\frac{4}{13} = .\dot{3}\ 0\ 7\ 6\ 9\ \dot{2}$,

$\frac{5}{13} = .\dot{3}\ 8\ 4\ 6\ 1\ \dot{5}$, $\frac{6}{13} = .\dot{4}\ 6\ 1\ 5\ 3\ \dot{8}$,

$\frac{7}{13} = .\dot{5}\ 3\ 8\ 4\ 6\ \dot{1}$, $\frac{8}{13} = .\dot{6}\ 1\ 5\ 3\ 8\ \dot{4}$,

$\frac{9}{13} = .\dot{6}\ 9\ 2\ 3\ 0\ \dot{7}$, $\frac{10}{13} = .\dot{7}\ 6\ 9\ 2\ 3\ \dot{0}$,

$\frac{11}{13} = .\dot{8}\ 4\ 6\ 1\ 5\ \dot{3}$, $\frac{12}{13} = .\dot{9}\ 2\ 3\ 0\ 7\ \dot{6}$,

2. 'आद्यमाद्येन' सूत्र की सहायता से—इस विधि में हमें परिमाण-आरोही क्रम में रखने की आवश्यकता नहीं रहती और मूलभूत तुल्य दशमलव के प्रारंभिक अंक अथवा अंकों को अंश से गुणा कर प्रश्नगत गुणज के लिए आरंभिक अंक निर्धारित किए जा सकते हैं। चूँकि $\frac{1}{7} = .\dot{1}\ 4\ 2\ 8\ 5\ \dot{7}$

यहाँ $\frac{1}{7}$, 0.14 से आरंभ होता है।

$\frac{2}{7}$, 0.28 से आरंभ होना चाहिए।

$\frac{3}{7}$, 0.42 से आरंभ होना चाहिए।

$\frac{4}{7}$, 0.56 से आरंभ होना चाहिए।

यहाँ हासिल जुड़ जाने के कारण 0.57 से आरंभ होगा।

$\frac{5}{7}$, 0.70 से आरंभ होना चाहिए जो कि यहाँ पर नहीं है, हासिल जुड़ जाने के कारण यहाँ 0.71 से प्रारंभ होगा।

$\frac{6}{7}$, 0.84 से आरंभ होना चाहिए जो कि यहाँ पर नहीं है, हासिल जुड़ जाने के कारण यहाँ 0.85 से प्रारंभ होगा।

3. **अन्त्यमन्त्येन विधि**—इस विधि में आरंभिक अंक न लेकर अंतिम अंक लेते हैं।.

$\because$ $\frac{1}{7}$ का अंत 7 से होता है तथा $\frac{1}{7} = 0.\dot{1}4285\dot{7}$

$\therefore$ $\frac{2}{7}$ का अंत 4 से होना चाहिए, अतः $\frac{2}{7} = .\dot{2}8571\dot{4}$

$\therefore$ $\frac{3}{7}$ का अंत 1 से होना चाहिए, अतः $\frac{3}{7} = .\dot{4}2857\dot{1}$

$\therefore$ $\frac{4}{7}$ का अंत 8 से होना चाहिए, अतः $\frac{4}{7} = .\dot{5}7142\dot{8}$

$\therefore$ $\frac{5}{7}$ का अंत 5 से होना चाहिए, अतः $\frac{5}{7} = .\dot{7}1428\dot{5}$

$\therefore$ $\frac{6}{7}$ का अंत 2 से होना चाहिए, अतः $\frac{6}{7} = .\dot{8}5714\dot{2}$

4. स्वतंत्र विधि—प्रश्नगत भिन्न का तुल्य दशमलव भिन्न निकालने के लिए ऐसी कोई भी पहले से तैयार तालिका की आवश्यकता नहीं पड़ती और इसकी सारी प्रक्रिया मूलभूत भिन्न को तुल्य दशमलव में बदलने की प्रक्रिया के बिलकुल समान है। इसमें लेशमात्र भी अंतर नहीं है। यथा :

$$\frac{3}{7} = \frac{21}{49}$$

यहाँ हर के उपांतिम अंक का एकाधिक 5 है। अब हमें 21 में 5 से लगातार भाग देते जाना है, जैसे कि आवर्ती दशमलव भिन्न ज्ञात करने की भाग विधि में होता है।

$$\frac{3}{7} = .\,{}_{1}4\;{}_{4}2\;{}_{2}8\;{}_{3}5\;{}_{0}7\;{}_{2}1\ldots\ldots\ldots$$

$$= .\,\dot{4}2857\dot{1}$$

गुणन विधि द्वारा भी $\frac{21}{49}$ का आवर्ती दशमलव मान निकाल सकते हैं। यहाँ हर के उपांतिम अंक का एकाधिक 5 है। अब आवर्ती दशमलव के अंतिम अंक 1 में 5 का गुणा करेंगे तथा 2 जोड़ने पर अंत से दूसरा अंक 7 प्राप्त होता है।

$$\frac{21}{49} = .\,{}_{1}4\;{}_{4}2\;{}_{2}8\;{}_{3}5\;7_{2}1$$

$$= .\,\dot{4}2857\dot{1}$$

7 में 5 से गुणा करने पर 35, जिसके इकाई के अंक को अंत से तीसरे स्थान पर रखेंगे, 3 का हासिल लेंगे। 5 में 5 का गुणा करेंगे तो 25 मिलता है, जिसमें 3 हासिल जोड़ने पर 28 प्राप्त होता है। इकाई के अंक को अंत से चौथे स्थान पर रखेंगे। चूँकि 28, हर-अंश के समान है। अतः आगे के अंक 9 के पूरकों द्वारा लिख दिए जाएँगे।

$$\frac{21}{49} = .\,\dot{4}28/57\dot{1}$$

अभीष्ट उत्तर $.\dot{4}2857\dot{1}$ होगा।

पहली प्रकार की सहायक भिन्न के अलावा दूसरी प्रकार की सहायक भिन्न का प्रयोग भी साधारण भिन्नों को आवर्ती दाशमिक भिन्नों में परिवर्तित

करने के लिए किया जा सकता है; जैसे कि सहायक भिन्नों के अध्याय में वर्णन किया जा चुका है।

इसी प्रकार इन सहायक भिन्नों के अलावा प्रथम और द्वितीय प्रकार की व्यापक सहायक भिन्नों का उपयोग भी साधारण भिन्नों को आवर्ती दाशमिक भिन्नों में परिवर्तित करने के लिए किया जा सकता है।

V. अवशेष तथा भजनफल के संबंध में अन्य महत्त्वपूर्ण सिद्धांत तथा लक्षण एवं उपलक्षण

(1) भाजन क्रिया में ज्यों ही हमें हर-अंश के बराबर अवशेष मिलता है, शेष अवशेषों को प्राप्त अवशेषों से, भाजक के पूरक अंक ज्ञात कर लिख सकते हैं।

(2) इस स्थिति में भजनफल के अंक शेष भजनफल के अंकों के 9 के पूरक होंगे।

(3) यदि हम किसी भी अवशेष को लें और उससे चरमांक का गुणा करें तब गुणनफल का अंतिम अंक उस पैड़ी का भजनफल अंक होता है।

यहाँ लगनेवाला सूत्र है 'शेषाणि अंकेन चरमेण।'

उदाहरणार्थ $\frac{1}{17}$ के प्रकरण में

10, 15, 14, 4, 6, 9, 5, 16, 7, 2, 3, 13, 11, 8, 12 तथा 1 अवशेष हैं।

यहाँ चरमांक 7 है, जिससे अवशेषों को गुणा करने पर क्रमशः 70, 105, 98, 28, 42, 63, 35, 112, 49, 14, 21, 91, 77, 56, 84 एवं 7 मिलते हैं। केवल अंतिम अंक लेने पर हमें

$$\frac{1}{17} = .\dot{0}58823529411764\dot{7}$$

(4) अवशेषों की गुणोत्तर श्रेणीवाली लाक्षणिकता से हमें प्रत्येक अवशेष का आंतरिक संबंध समझ में आता है। इस तरह एक ही अवशेष के ज्ञात होने पर सारे अवशेष ज्ञात हो जाते हैं।

(i) $\frac{1}{7}$ के प्रकरण में पहला अवशेष 3 है, हम किसी भी अवशेष

का 3 से गुणा कर उसमें से 7 या उसके गुणज घटाकर तत्काल ही अगला अवशेष बता सकते हैं।

इस प्रकरण में, द्वितीय अवशेष $3 \times 3 - 7 = 2$

तृतीय अवशेष $3 \times 2 = 6$

चौथा अवशेष $3 \times 6 - 7 \times 2 = 4$

पाँचवा अवशेष $3 \times 4 - 7 = 5$

छठवाँ अवशेष $3 \times 5 - 7 \times 2 = 1$

यह अंतिम अवशेष है, क्योंकि इसी से प्रारंभ था। इन अवशेषों 3, 2, 6, 4, 5, तथा 1 को चरमांक 7 द्वारा गुणा करने पर भजनफल अंक (ऊपर बताई विधि द्वारा) प्राप्त हो जाते हैं, जो इस प्रकार हैं 1, 4, 2, 8, 5 तथा 7.

(ii) इतना ही नहीं, बजाय प्रथम अवशेष 3 को हम अपना गुणोत्तर अनुपात मानें, हम दूसरे अवशेष 2 को गुणोत्तर अनुपात मान सकते हैं, किंतु इतना याद रखना होगा कि अब इन अवशेषों को दो के जोड़े में लेकर 2 से गुणा करने के बाद फिर उन्हें अलग अंकों के रूप में देखना पड़ेगा। यथा :

32 प्रथम दो अवशेषों का जोड़ा है, इसमें 2 से गुणा करने पर 64 के रूप में अगले दो अवशेषों का जोड़ा प्राप्त होता है। इस प्रकार 6 तृतीय अवशेष तथा 4 चौथा अवशेष है। 64 में 2 से गुणा करने पर 128 अगले दो अवशेषों का जोड़ा है। इस प्रकार $12 - 7 = 5$ पाँचवाँ अवशेष तथा $8 - 7 = 1$ छठवाँ अवशेष है। अब इन छः अवशेषों 3, 2, 6, 4, 5, और 1 को चरमांक 7 से गुणा करने पर तुल्य आवर्ती दशमलव (पूर्व विधि के द्वारा) मिल जाता है।

$$\frac{1}{7} = .\dot{1}4285\dot{7}$$

(iii) पहले तीन अवशेष समूह में तीसरे अवशेष 6 का गुणा करके अगले तीन अवशेषों को प्राप्त कर सकते हैं।

(iv) पहले चार अवशेष समूह में चौथे अवशेष 4 का गुणा करके अगले चार अवशेषों को प्राप्त कर सकते हैं और देखते हैं कि छठवें अवशेष के बाद अंकों की आवृत्ति प्रारंभ हो रही है।

(v) पहले पाँच अवशेष समूह में पाँचवें अवशेष 5 का गुणा करके अगले पाँच अवशेषों को प्राप्त कर सकते हैं। छठवें अवशेष के बाद अवशेषों की आवृत्ति देखेंगे।

(vi) पहले छः अवशेष समूह में छठवें अवशेष 1 का गुणा करके अगले अवशेषों को प्राप्त कर सकते हैं। जो पहले छः अवशेषों की पुनरावृत्ति होगी।

(vii) $\frac{1}{17}$ के प्रकरण में प्रथम चार अवशेष हैं 10, 15, 14 तथा 4 और 4 एक सरल गुणक है। अतः अन्य अवशेषों को प्राप्त करने हेतु इस सरल गुणक 4 का उपयोग किया जा सकता है। इस चार अवशेष समूह को 4 से गुणा करके तथा आवश्यकतानुसार 17 या 17 का गुणक घटाकर अन्य अवशेष प्राप्त कर सकते हैं।

$10 \times 4 - 17 \times 2 = 6$

$15 \times 4 - 17 \times 3 = 9$

$14 \times 4 - 17 \times 3 = 5$

$4 \times 4 = 16$

अतः अवशेष श्रेणी 10, 15, 14, 4, 6, 9, 5, 16,

चूँकि हर ~ अंश = 16, अतः 16 अवशेष मिलने के कारण आगे के अवशेष 17 के पूरक नियम से लिख सकेंगे; जो इस प्रकार होंगे : 7, 2, 3, 13, 11, 8, 12, 1।

सभी अवशेषों को चरमांक 7 से गुणा करके उनके अंतिम अंक लिखने पर

$$\frac{1}{17} = .\dot{0}5882352/9411764\dot{7}$$

(6) एक और विधि, जिसमें अवशेषों के गुणोत्तर श्रेणी के संबंध का उपयोग कर सरल तरीके से अवशेष प्राप्त किए जा सकते हैं। इस विधि में ज्यों ही हमें एक अवशेष तथा दूसरे अवशेष के बीच एक सरल अनुपात मिल जाए त्यों ही उसे सार्व अनुपात मानकर सारा काम कर सकते हैं।

$\frac{1}{19}$ के उदाहरण में 10 तथा 5 पहले दो अवशेष हैं, जिनमें 5,

10 का आधा है। ½ को सार्व अनुपात लेते हुए तीसरा अवशेष दूसरे अवशेष 5 का आधा होगा। चूँकि 5, 2, से पूर्णतः विभाज्य नहीं है, अतः 5 में 19 जोड़कर आधा करेंगे। अतः तीसरा अवशेष 12 प्राप्त होता है। तीसरे अवशेष 12 में ½ का गुणा करने पर चौथा अवशेष 6 प्राप्त होता है। चौथे अवशेष 6 में ½ का गुणा करने पर पाँचवाँ अवशेष 3 प्राप्त होता है। पाँचवें अवशेष 3 के 2 से अविभाज्य होने के कारण 3 में 19 जोड़कर आधा करने पर छठवाँ अवशेष 11 आता है। छठवें अवशेष 11 के 2 से अविभाज्य होने के कारण 11 में 19 जोड़कर आधा करने पर सातवाँ अवशेष 15 आता है। इसी प्रकार आठवाँ अवशेष

$\frac{15 + 19}{2} = 17$,नवाँ अवशेष $\frac{17 + 19}{2} = 18$, प्राप्त होता है।

$\therefore$ 18 = हर-अंश। अतः यहाँ रुककर शेष अवशेष भाजक के पूरक नियम से लिख सकते हैं। इस प्रकार के अवशेष इस प्रकार हैं 10, 5, 12, 6, 3, 11, 15, 17, 18,

9, 14, 7, 13, 16, 8, 4, 2, 1.

किसी भी पैड़ी के अनुपात का उपयोग कर उसका उपयोग किया जा सकता है।

अवशेषों में चरमांक का गुणा कर उनके इकाई के अंकों को ग्रहण कर भजनफल अंक लिख दिए जाएँगे।

$$\frac{1}{19} = .\dot{0}52631578/94736842\dot{1}$$

VI. साधारण भिन्न के तुल्य आवर्ती दशमलव भिन्न में दशमलव स्थानों की संख्या

1. जैसे ही हम भाग देते हुए आरंभिक संख्या को अवशेष के रूप में प्राप्त करते हैं हमारी दाशमलविक गणना का कार्य समाप्त हो जाता है और कुल दशमलव स्थान पहले से ही मालूम हो जाते हैं।
2. जैसे ही हम अंश तथा हर के अंतरवाली संख्या पर पहुँचते हैं, हमें मालूम हो जाता है कि हमारा आधा काम हो गया है।

3. जैसे ही हम मौखिक गणना में एक लघु तथा सुविधाजनक अवशेष पर पहुँचते हैं, हमें यह मालूम हो जाता है कि कितनी और पैड़ियाँ अभी शेष हैं।

   $\frac{1}{17}$ के उदाहरण में हम देखते हैं कि प्रथम चार पैड़ियों के बाद .0588 भजनफल के चार अंक तथा अवशेष 4 मिलता है। अब इन चार अंकों का 4 से गुणा करने पर 2352 भजनफल के दूसरे चार अंक मिल जाते हैं तथा अवशेष $4 \times 4 = 16$ प्राप्त होता है। चूँकि 16, हर (17) तथा अंश (1) के अंतर के समान है, अत: यहाँ पर हमारा आधा कार्य पूर्ण हो जाता है। अत: गणना रोक देंगे तथा आगे के 8 अंक 9 के पूरक नियम से लिख दिए जाएँगे। यहाँ कुल दशमलव स्थानों की संख्या 16 है।

कुछ विशिष्ट बातें :

(1) उन भिन्नों में जिनमें 'हर' रूढ़ संख्या होती है, अधिकतम दशमलव अंकों की संख्या हर से 1 कम होती है।

(2) साधारणतया उनकी संख्या हर से 1 कम या (हर–1) के किसी अवगुणज के समान ही होती है।

(3) साधारणत: 9 के पूरक वाला नियम उनपर लागू होता है।

(4) उन भिन्नों में जिनमें कि हर रूढ़ संख्याओं का गुणनफल है, दशमलव अंकों की संख्या अलग-अलग परिस्थितियों पर निर्भर करती है; जैसे कि,

(क) उस प्रत्येक प्रश्न में जिनमें कि पूरक अर्द्धांश मिलते हैं, दाहिने पक्ष का अंश 3, 9 आदि से पूरी तरह विभाजित होता है तथा ऐसे प्रश्नों में ऐसे हर को ऐसे गुणनखंडों द्वारा गुणा करने से दशमलव अंकों की संख्या में कोई अंतर नहीं पड़ता। परिणामस्वरूप

$$\frac{1}{63} = \frac{1}{9 \times 7} = \frac{0.\dot{1}4285\dot{7}}{9} = 0.0\dot{1}587\dot{3}$$

$$\therefore 142857 = 143 \times 999 \text{ (एक न्यून सूत्र से)}$$
$$= 3^3 \times 11 \times 13 \times 37$$

इसका अर्थ हुआ कि अंश 11, 13, 3, 9, 27, 37, 33, 99, 117, 297, 351 तथा 999 द्वारा पूर्णतः विभाजित होता है। इसलिए हर (7) के साथ इनमें से किसी भी संख्या के गुणा करने पर दशमलव अंकों की संख्या में कोई अंतर नहीं पड़ता।

(ख) $\frac{1}{39} = \frac{1}{3 \times 13} = \frac{.\dot{0}7692\dot{3}}{3} = .\dot{0}2564\dot{1}$

यहाँ यद्यपि पूरक अर्द्धांश नहीं है, फिर भी $\frac{1}{13}$ का तुल्य आवर्ती दशमलव भिन्न 3 से विभाज्य है।

अतः $\frac{1}{39}$ के तुल्य आवर्ती दशमलव भिन्न में उतने ही दशमलव अंक हैं जितने कि $\frac{1}{13}$ के तुल्य आवर्ती दशमलव भिन्न में।

(ग) उन भिन्नों में, जिनमें हर अभाज्य संख्याओं का गुणनफल है, आवर्त दशमलव अंकों की संख्या हर के सापेक्ष उससे छोटी रूढ़ संख्याओं की गिनती के समान या उसके किसी गुणज के बराबर होती है। यथा $\frac{1}{49}$ के प्रकरण में, 49 से छोटी 49 के सापेक्ष रूढ़ संख्याओं की गिनती = 42 (अर्थात् 1, 2, 3, 4, 5, 6, 8, 9, 10, 11, 12, 13, 15, 16, 17, 18, 19, 20, 22, 23, 24, 25, 26, 27, 29, 30, 31, 32, 33, 34, 36, 37, 38, 39, 40, 41, 43, 44, 45, 46, 47, 48)

वास्तव में $\frac{1}{49}$ के प्रकरण में आवर्ती दशमलव अंकों की संख्या 42 ही है।

VII. बड़े हर वाली मूल भिन्नें :

जैसे-जैसे 'हर' बड़ा होता जाता है, हम देखते हैं कि यद्यपि दशमलव का अंतिम अंक 1, 3, 7, या 9 से अधिक कुछ भी नहीं हो सकता तथापि एकाधिक पूर्व तो बड़ा होता जाता है; जिससे गुणा, भाग करना पड़ता है, जो निःसंदेह सरल प्रक्रिया तो नहीं है।

अवशेष हमारी इस समस्या के समाधान में सहायता करते हैं। हम $\frac{1}{23}$ का दृष्टांत लेते हैं। यहाँ अंतिम दशमलव अंक 3 है एकाधिक 7।

सतत गुणन द्वारा

$$\frac{1}{23} = \frac{3}{69} = .\dot{0}434782608_6 6_3 9_4 5_3 6_1 5_1 2_5 1_2 7_6 39_2 1\dot{3}$$

सतत भाजन द्वारा

$$\frac{1}{23} = \frac{3}{69} = ._3\dot{0}_2 4_3 3_5 4_5 7_1 8_4 26_6 0_4 8_6 6/9565217391\dot{3}$$

पहली तालिका में अंतिम दो अंकों 13 से पहले अगला जोड़ा 39 ठीक दाहिने जोड़े का तीन गुना है और हम इसका लाभ उठा सकते हैं।

इस तरह 39 से 117 मिलता है, जिसमें से बाएँ तरफ 17 लिखकर 1 को जोड़ने के लिए रख लेते हैं, 17 से 51 मिलता है, 51 + 1 = 52 को बाएँ तरफ लिखकर 52 से 156 मिलता है, जिससे 56 लिखकर 1 फिर रख लेते हैं, अब 56 से 168 + 1 = 169, जिसमें से 69 लिखकर 1 फिर रख लेते हैं, इत्यादि।

$$\frac{1}{23} = \frac{3}{69} = .\dot{0}43478260869,\ 56,\ 52,\ 17,\ 39,\ 1\dot{3}$$

हम चाहें तो बाएँ से दाएँ भी सरलतापूर्वक जा सकते हैं। 1 में 23 का सीधा भाग देने पर पहले दो अंकों के बाद अवशेष 8 बचता है, इसका उपयोग कर हम सरलतापूर्वक आगे बढ़ सकते हैं।

.04,	32,	72,	24,	08,	64	इत्यादि
	2	6	2		5	
.04,	34,	78,	26,	08,	69	

$$\frac{1}{23} = .\dot{0}4,\ 34,\ 78,\ 26,\ 08,\ 6/9\ 565217391\dot{3}$$

3 का बाईं ओर और 8 का दाहिनी ओर यह गुणा करना अपेक्षाकृत बहुत सरल है।

यहाँ भजनफल के प्रथम दो अंक .04 तथा अवशेषों का अनुपात 8 है, $04 \times 8 = 32$ किंतु दाहिनी ओर से जोड़ने के लिए 2 आएगा, अतः 34 लिखेंगे। $34 \times 8 = 272$ प्राप्त होता है, जिसमें जोड़ने के लिए दाहिनी ओर से 6 आएगा जिसे 272 में जोड़ने के बाद 278 आता है जिसका बायाँ अंक 2 हम पहले जोड़ चुके हैं, अतएव 78 बचा। अब 78 को 8 से गुणा करेंगे जिससे 624 मिलता है तथा दाहिनी ओर से जोड़ने के लिए 2 आता है, जिसे जोड़कर 626 मिलता है। 626 के बाएँ अंक 6 को पहले जोड़ चुके हैं। अतः 26 बचता है। इसी क्रम में आगे बढ़ते हुए 11 जोड़े अर्थात् 22 अंक प्राप्त करते हैं जिनके बाद अंकों की आवृत्ति होती है। यहाँ 11 अंकों के बाद 9 का पूरक नियम लागू होता है।

अब हम $\frac{1}{31}$ को लेते हैं।

इसके तुल्य दशमलव का अंतिम अंक 9 होगा तथा एकाधिक 28 जोकि लगभग मूल हर के बराबर ही बड़ा है, अतः हमें छानबीन कर उपयुक्त छोटा सहायक अवशेष ढूँढ़ना है। 1 में 31 का भाग देने पर क्रमशः प्राप्त अवशेषों की तालिका इस प्रकार है 10, 7, 8, 18, 25 तथा 2; जिसमें 2 बहुत ही उपयुक्त है।

31 से 1 को भाग देने पर प्रथम छः भजनफल अंक .032258 हैं। 2 सार्व अनुपात की सहायता से आगे बढ़ने पर $\frac{1}{31}$ = .032258, 064516, 129032,............हम देखते कि 15 अंकों के बाद अंकों की आवृत्ति प्रारंभ हो जाती है।

$$\text{अतः} \quad \frac{1}{31} = .\dot{0}3225806451612\dot{9}$$

नोट : इस मूल भिन्न को सरल करने के लिए द्वितीय प्रकार की सहायक भिन्न बहुत उपयोगी है।

$\frac{1}{31}$ की द्वितीय प्रकार की सहायक भिन्न $\frac{0}{30}$ अर्थात् $\frac{.0}{3}$ और विचलन 1 है।

$$\text{अतः} \quad \frac{1}{31} = ._{0}0_{0}3_{0}2_{1}2_{2}5_{0}8_{1}0_{1}6_{1}4_{0}5_{1}1_{0}6_{0}1_{2}2_{0}9_{0}0........$$

$= .\dot{0}3225806451612\dot{9}$

VIII. एक न्यून सूत्र : इस सूत्र के शब्द हैं 'एकन्यूनेन पूर्वेण'। यह वास्तव में उन संख्याओं के गुणन में प्रयुक्त होता है, जिनके गुणक में सभी अंक 9 होते हैं। इसके तीन प्रकार हैं—

(i) **प्रथम प्रकार :** जब गुण्य के अंक गुणक के अंकों की संख्या के समान होते हैं। इस स्थिति में गुणनफल का आधा बायाँ भाग गुण्य से हमेशा एक अंक कम रहता है और दाहिना बाएँ के 9 के पूरक नियम से लिखा जाता है। यहाँ 'पूर्व' से तात्पर्य 'गुण्य' से है तथा 'अपर' से तात्पर्य 'गुणक' से है।

गुण्य		गुणक		गुणनफल
9879	×	9999	=	9878/0121
775	×	999	=	774/225

(ii) **द्वितीय प्रकार :** जब गुण्य के अंक गुणन के अंकों से संख्या के कम होते हैं, तब यह काम में आता है। इस स्थिति में गुण्य के अंकों की संख्या गुणक के अंकों की संख्या के समान करने के लिए गुण्य में बाईं ओर आवश्यकतानुसार शून्य बढ़ा दिए जाते हैं तथा पहले की तरह कार्य करके बाईं ओर के शून्यों को छोड़ दिया जाता है। यथा :

		गुण्य	× गुणक		गुणनफल
7 × 99	=	07	× 99	=	06/93
195 × 9999	=	0195	× 9999	=	0194/9805

(iii) **तृतीय प्रकार :** जब गुण्य के अंक गुणक के अंकों से संख्या में अधिक होते हैं, तब यह स्थिति बनती है। इस स्थिति में गुण्य के बाएँ से प्रथम अंक में तथा गुणनफल के बाएँ हिस्से में गुण्य के प्रथम अंक से 1 अधिक (एकाधिक) का अंतर रहता है। इसमें निम्नलिखित विधि लागू होती है। गुण्य को खड़ी रेखा से इस तरह दो भागों में बाँटते हैं कि दाहिने हिस्से में उतने ही अंक आ जाएँ जितने गुणक में हैं और गुण्य में से बाएँ हिस्से की एकाधिक संख्या को घटा देते हैं, इससे हमें गुणनफल का बायाँ हिस्सा मिल

जाता है। दूसरे शब्दों में, एक न्यून संख्या लेकर उसमें से बाएँ हिस्से की संख्या को घटा देते हैं। गुण्य के दाहिने हिस्से की संख्या को निखिलं नियम के द्वारा घटाएँगे; इससे गुणनफल का दाहिना हिस्सा मिल जाएगा।

यथा $11119 \times 99 = 111/19 \times 99$

$= (11119 - 112)/(100 - 19)$

$= 11007/81$ (निखिलं सूत्र)

IX. आवर्ती दशमलव संख्याओं को साधारण भिन्न में बदलना :

आवर्ती दशमलव भिन्नों को तुल्य साधारण भिन्न में बदलने के लिए आवृत्ति बिंदुओं को हटाकर हर की जगह दशमलव अंकों की संख्या के बराबर 9 अंक लिखने से बनी संख्या लिख देते हैं तथा पूरक अर्द्धांशवाले प्रश्नों में एक न्यून सूत्र का उपयोग करते हैं। यथा :

$$.\dot{0}7692\dot{3} = \frac{076923}{999999}$$

$$= \frac{077 \times 999}{999999} \quad \text{एकन्यून सूत्र से}$$

$$= \frac{77}{1001}$$

$$= \frac{1}{13}$$

$$.\dot{0}7\dot{6} = \frac{076}{999}$$

$$= \frac{76}{999}$$

X. मूल भिन्न के तुल्य आवर्ती दशमलव संख्याओं को पुनः मूल भिन्न में बदलना—

वे सभी आवर्ती दशमलव जिनके सभी अंक 9 हैं तथ्यतः 1 के बराबर हैं ($.\dot{9} = 1$) और दिए हुए दशमलव को ऐसे गुणक से गुणा किया जाए कि गुणनफल में सभी अंक 9 हों तब हमारी इच्छित प्रक्रिया स्वतः पूरी हो जाती है।

यथा $.\dot{0}7692\dot{3} \times 13 = .\dot{9}9999\dot{9}$

$$\Rightarrow .\dot{0}7692\dot{3} = \frac{1}{13}$$

$0.\dot{0}7692\dot{3}$ के प्रकरण में अंतिम अंक 9 प्राप्त करने के लिए 3 से गुणा करना पड़ेगा तथा गुणनफल होगा 230769। अब उपांतिम अंक को भी 9 करने के लिए उसमें 3 जोड़ना पड़ेगा। यह लाने के लिए गुण्य में अब 1 का गुणा करना होगा। अब जोड़ने के बाद हम देखते हैं कि सारे अंक 9 प्राप्त होते हैं।

$$\begin{array}{r} .\dot{0}7692\dot{3} \\ \times\ 13 \\ \hline 230769 \\ 076923 \\ \hline .\dot{9}9999\dot{9} \end{array} = 1$$

XI. अवशेषों के संबंध में कुछ महत्त्वपूर्ण बातें— नवांतक हर वाली मूल भिन्नों के प्रकरण में अवशेषों के लिए निम्नलिखित बातें ध्यान रखने योग्य हैं।

(1) प्रत्येक स्थिति में हम 1 (अंश) से प्रारंभ करते हैं। जैसे कि वह गर्भस्थ अवशेष हो।

(2) प्रत्येक स्थिति में प्रथम वास्तविक अवशेष 10 है।

(3) अतः इनके क्रमिक अवशेषों को हम हर के मापांक पर सूत्र— अवशेष + क × अनुगामी अवशेष=अनुगामी का अनुगामी अवशेष द्वारा लिख सकते हैं, जहाँ कि क = 9 ~ उपांतिम अंक। 'अ' तथा 'ब' दो क्रमिक अवशेष हैं तो अगला अवशेष = अ + क ब। $\frac{1}{39}$ के प्रकरण में, हर का उपांतिम अंक 3, अंतिम अंक 9 से 6 कम है, इसलिए अवशेषों का सामान्य रूप अ + 6 ब होगा। अतः प्राप्त अवशेष क्रमशः 1, 10, 61 (अर्थात् 22), 142 (अर्थात् 25), 172 (अर्थात् 16), 121 (अर्थात् 4) और वास्तव में है भी ऐसा।

(4) प्रत्येक अवशेष का 10 गुना हर के मापांक पर अनुगामी अवशेष के बराबर होगा।

(5) प्रत्येक अवशेष हर के मापांक पर अगले अवशेष का एकाधिक पूर्व गुना होता है।

❑

अध्याय 12

विभाजनीयता तथा सरल आश्लेषक

I. आश्लेषक—

'श्लेष' शब्द का अर्थ है 'चिपका हुआ'। 'आश्लेषक' का अर्थ है 'चिपकानेवाला'।

जब हम किसी संख्या द्वारा दूसरी संख्या का विभाजनीयता परीक्षण करते हैं तब इस प्रक्रिया में आश्लेषक से तात्पर्य एक ऐसी संख्या है जो भाजक संख्या से जुड़ी होती है तथा जिससे विभाज्य संख्या पर क्रिया विशेष के संपन्न करने के बाद प्राप्त संख्या भी भाजक से विभाज्य मिलती है। इस क्रिया को आश्लेषण क्रिया कहते हैं तथा आश्लेषक इस क्रिया के बाद प्राप्त प्रत्येक संख्या के साथ भाजक को चिपकाने का कार्य करता है। यहाँ 'वेष्टनम्' उपसूत्र का प्रयोग होता है।

आश्लेषक दो प्रकार के होते हैं—

(1) धनात्मक आश्लेषक, (2) ऋणात्मक आश्लेषक।

(1) धनात्मक आश्लेषक—किसी संख्या, जिसमें इकाई के अंक 2 या 5 से विभाज्य नहीं है, को अन्य संख्या से गुणा करके इकाई के अंक को 9 बनाकर हटा देने के बाद प्राप्त संख्या का एकाधिक पूर्व धनात्मक आश्लेषक के रूप में कार्य करता है, जोकि हमारा परिचित 'एकाधिक पूर्व' ही है।

दी हुई विभाज्य संख्या के इकाई के अंक को भाजक के आश्लेषक से गुणा करके उसे संख्या के इकाई के अंक के पूर्ववर्ती अंकों से बनी संख्या में जोड़ने पर दिए गए भाजक से विभाज्य संख्या प्राप्त होगी। इसे आश्लेषण क्रिया कहते हैं। 7 का परीक्षण पटल तैयार करने हेतु सर्वप्रथम 7 का आश्लेषक ज्ञात करते

ज्ञात करते हैं। 7 में 7 का गुणा करने पर प्राप्त 49 का एकाधिक पूर्व 5 है, जोकि 7 का धनात्मक आश्लेषक होगा।

14 का 5 से सतत आश्लेषण करने पर

$5 \times 4 + 1 = 21$,

$5 \times 1 + 2 = 7$ (ज्ञात भाज्य)

21 के 5 से आश्लेषण करने पर

$5 \times 1 + 2 = 7$ (ज्ञात भाज्य)

28 का 5 से सतत आश्लेषण करने पर

$5 \times 8 + 2 = 42$,

$5 \times 2 + 4 = 14$ (ज्ञात भाज्य)

35 का 5 से आश्लेषण करने पर

$5 \times 5 + 3 = 28$ (ज्ञात भाज्य)

42 का 5 से आश्लेषण करने पर

$5 \times 2 + 4 = 14$ (ज्ञात भाज्य)

49 का 5 से आश्लेषण करने पर

$5 \times 9 + 4 = 49$ (पुनरावृत्ति) $\therefore$ विभाजनीय

एकाधिक पूर्व के नियम—

(1) 9, 19, 29, 39,............. आदि (9 से अंत होनेवाली संख्याएँ) के एकाधिक पूर्व क्रमशः 1, 2, 3, 4,.............. आदि हैं।

(2) 3, 13, 23, 33............. आदि (3 से अंत होनेवाली संख्याएँ) को 3 से गुणा कर 1, 4, 7, 10,............. आदि एकाधिक पूर्व मिलते हैं।

(3) 7, 17, 27, 37,............ आदि (7 से अंत होनेवाली संख्याएँ) को 7 से गुणा कर 5, 12, 19, 26,.............. आदि एकाधिक पूर्व मिलते हैं।

(4) 1, 11, 21, 31,............. आदि (1 से अंत होनेवाली संख्याएँ) को 9 से गुणा कर 1, 10, 19, 28,........... आदि एकाधिक पूर्व मिलते हैं।

स्वयं का एकाधिक से आश्लेषण : किसी भी संख्या का उसी के एकाधिक से आश्लेषण करने पर वही संख्या अथवा उसका गुणज मिलता है। यथा :

7 का स्वयं के एकाधिक 5 से आश्लेषण करने पर $5 \times 7 = 35$

(7 का गुणज)

11 का स्वयं के एकाधिक 10 से आश्लेषण करने पर $10 \times 1 + 1 = 11$

(वही 11)

13 का स्वयं के एकाधिक 4 से आश्लेषण करने पर $4 \times 3 + 1 = 13$

(वही 13)

17 का स्वयं के एकाधिक 12 से आश्लेषण करने पर $12 \times 7 + 1 = 85$

(17 का गुणज)

बड़ी संख्याओं के आश्लेषण की कार्यविधि : माना कि हम बिना भाग दिए पता करना चाहते हैं कि 2793, 19 से विभाज्य है या नहीं।

19 का एकाधिक पूर्व 2 है। आश्लेषण क्रिया इस प्रकार होगी—

(1) 2793 के अंतिम अंक 3 को 2 से आश्लेषण (या गुणा) कर मिले फल 6 को पिछले अंक 9 में जोड़ने पर प्राप्त योगफल 15 को इसके नीचे लिखते हैं।

```
2 7 9 3
    15
```

(2) इस 15 का 2 से आश्लेषण कर मिले फल 11 में 7 जोड़कर प्राप्त योगफल 18 को बाएँ अंक 7 के नीचे लिखेंगे।

```
2 7 9 3
  18
```

(3) अब हम 18 को 2 से आश्लेषण करते हैं तथा मिले फल 17 में बायाँ अंक 2 जोड़कर योगफल 19 को बाएँ अंक 2 के नीचे लिखेंगे।

```
2 7 9 3
19
```

19 आश्लेषण क्रिया के बाद प्राप्त अंतिम संख्या है जो कि 19 से विभाज्य है। अतः 2793 भी 19 से विभाज्य है।

हमारा कार्यपटल इस प्रकार होगा :

भाजक	19 ?	2	7	9	3
आश्लेषक			19	18	15
	2				

अथवा हम इसी परिणाम पर अन्य विधि द्वारा भी पहुँच सकते हैं; किंतु इतनी अच्छी प्रकार नहीं।

2 द्वारा 2793 को सतत आश्लेषित करने पर $2793 \rightarrow 285 \rightarrow 38 \rightarrow 19$ अतः 2793, 19 से विभाज्य है।

(2) ऋणात्मक आश्लेषकं :

किसी संख्या, जिसके इकाई के अंक 2 या 5 से विभाज्य नहीं हैं, को अन्य संख्या से गुणा करके इकाई के अंक को 1 बनाकर हटा देने के बाद प्राप्त संख्या ऋण चिह्न के साथ ऋणात्मक आश्लेषक कहलाती है।

दी हुई विभाज्य संख्या के इकाई के अंक को भाजक के आश्लेषक (धनात्मक या ऋणात्मक) से गुणा करके उसे संख्या के इकाई के पूर्ववर्ती अंकों से बनी संख्या में जोड़ने पर दिए गए भाजक से विभाज्य संख्या प्राप्त होती है।

उदाहरणार्थ : 7 का परीक्षणपटल तैयार करने हेतु सर्वप्रथम ऋणात्मक आश्लेषक ज्ञात करते हैं। 7 में 3 का गुणा करने पर 21 प्राप्त होता है, जिसका इकाई का अंक 1 है। 1 को हटा देने पर 2 प्राप्त होता है, अत: ऋणात्मक आश्लेषक (−2)

14 को (−2) से आश्लेषित करने पर $(-2) \times 4 + 1 = -7$

21 को (−2) से आश्लेषित करने पर $(-2) \times 1 + 2 = 0$

28 को (−2) से आश्लेषित करने पर $(-2) \times 8 + 2 = -14$

35 को (−2) से आश्लेषित करने पर $(-2) \times 5 + 3 = -7$

42 को (−2) से आश्लेषित करने पर $(-2) \times 2 + 4 = 0$ इत्यादि।

ऋणात्मक आश्लेषक प्राप्त करने हेतु सहायक संकेत :

(i) 1, 11, 21, 31, 41,..................... आदि (1 से अंत होनेवाली संख्याएँ) के ऋणात्मक आश्लेषक क्रमश: 0, −1, −2, −3, −4,.... .... आदि हैं।

(ii) 3, 13, 23, 33, 43,............ आदि (3 से अंत होनेवाली संख्याएँ) को 7 से गुणा कर −2, −9, −16, −23, −30,.............. आदि ऋणात्मक आश्लेषक मिलते हैं।

(iii) 7, 17, 27, 37, 47,.............. आदि (7 से अंत होनेवाली संख्याएँ) को 3 से गुणा कर −2, −5, −8, −11, −14,.............. आदि ऋणात्मक आश्लेषक मिलते हैं।

(iv) 9, 19, 29, 39, 49,................ आदि (9 से अंत होनेवाली संख्याएँ) को 9 से गुणा कर −8, −17, −26, −35, −44,........ आदि ऋणात्मक आश्लेषक मिलते हैं।

ऋणात्मक तथा धनात्मक आश्लेषक का संबंध : यदि भाजक 'भ' के ऋणात्मक आश्लेषक को 'ऋ' तथा धनात्मक आश्लेषक को 'ध' से निरूपित करें—

(i) दोनों का संख्यात्मक योग 'भ' होगा। उदाहरण के लिए 7 का धनात्मक आश्लेषक 5 तथा 7 का ऋणात्मक आश्लेषक –2

∴ | 5 | + | – 2 | = 5 + 2 = 7

(ii) यदि भाजक का अंतिम अंक 3 है तब | ध | < | ऋ |

(iii) यदि भाजक का अंतिम अंक 7 है तब | ऋ | < | ध |

ऋणात्मक आश्लेषक की सहायता से विभाज्यता का परीक्षण :

(i) माना हम बिना भाग दिए पता करना चाहते हैं कि 2793, 21 से विभाज्य है या नहीं? हमारा कार्यपटल इस प्रकार होगा :

भाजक	21 ?	2	7	9	3
'ऋ' आश्लेषक		0	1	3	
	–2				

आश्लेषण के बाद अंतिम संख्या 0 प्राप्त होती है जो 21 से विभाज्य है। अत: 2793, 21 से विभाज्य है। सतत आश्लेषण द्वारा 2793 → 273 → 21 → 0 अत: विभाज्य है।

(ii) अन्य उदाहरण लें जिसमें हम 51 द्वारा 437321 की विभाज्यता का परीक्षण करना चाहते हैं।

भाजक	51 ?	4	3	7	3	2	1
'ऋ' आश्लेषक		5	163	–32	18	–3	
	–5						

आश्लेषण के बाद अंतिम संख्या 5 है, जो 51 से अविभाज्य है। अत: 437321, 51 से अविभाज्य है। सतत आश्लेषण द्वारा 437321→ 43727 → 4337 → 398 →–1

अत: अविभाज्य है।

II. सामूहिक आश्लेषक

अब तक हमने सरल भाजकों का विचार किया, जिसके कारण आश्लेषक भी छोटी संख्या के थे। हमें अब बड़े भाजकों पर विचार करना है। अत: आश्लेषकों की स्थिति क्या होगी, यह विचारणीय है। वास्तव में बड़े भाजकों के प्रकरण में हम भाज्य के अंक समूह के आश्लेषण का सहारा लेंगे; अर्थात् प्रति अंक के स्थान पर दो या अधिक अंकों के समूह का आश्लेषण करेंगे।

इस कार्य हेतु हमें भिन्न प्रकार के आश्लेषकों की आवश्यकता होगी, जिनके दो प्रकार होंगे—धनात्मक आश्लेषक तथा ऋणात्मक आश्लेषक।

(1) धनात्मक आश्लेषक : जब भाजक को सरल गुणन द्वारा $m \times 10^n - 1$ के स्वरूप में बदला जाता है तब आश्लेषक + m, क्रम n का होगा जहाँ m तथा n धनात्मक पूर्ण संख्याएँ हैं। जैसे 157 भाजक के लिए 7 के गुणन द्वारा गुणनफल $1099 = 11 \times 10^2 - 1$, अत: आश्लेषक + 11 क्रम 2 का होगा। अत: हम लिखेंगे $ध_2 = 11$.

142857 भाजक के लिए 7 के गुणन द्वारा $999999 = 10^6 - 1$ प्राप्त हुआ। अत: आश्लेषक + 1 क्रम 6 का होगा। अत: आश्लेषक $ध_6 = +1$ होगा।

(2) ऋणात्मक आश्लेषक : जब भाजक को सरल गुणन द्वारा $m \times 10^n + 1$ के स्वरूप में बदला जा सकता है तब आश्लेषक −m, क्रम n का होगा; जहाँ m तथा n धनात्मक पूर्ण संख्याएँ हैं। जैसे 1667 भाजक के लिए 3 के गुणन द्वारा गुणनफल $5001 = 5 \times 10^3 + 1$ के बराबर है। अत: आश्लेषक −5, क्रम तीन का है; अर्थात् $ऋ_3 = -5$।

स्वयं का आश्लेषण : मूल संख्या का उसके धनात्मक आश्लेषक से आश्लेषण करने पर वही संख्या प्राप्त होती है तथा ऋणात्मक आश्लेषक से आश्लेषण करने पर शून्य प्राप्त होता है।

499 के लिए $ध_2 = 5$.

5 से 499 का आश्लेषण करने पर $4 + 5 \times 99 = 4 + 495$
$= 499$

1099 के लिए $ध_2 = 11$

11 से 1099 का आश्लेषण करने पर $= 10 + 11 \times 99$
$= 1099$

5001 के लिए $ऋ_3 = -5$

−5 से 5001 का आश्लेषण करने पर $= 5 - 5 \times 001$
$= 0$

III. संकेतों की उपयोगिता तथा महत्त्व : किसी बड़ी संख्या द्वारा अन्य बड़ी संख्या की विभाज्यता परीक्षण में संकेतों की उपादेयता महत्त्वपूर्ण है। ये संकेत दो बातों पर प्रकाश डालते हैं :

(1) प्रत्येक प्रश्न में स्वयं आश्लेषक पर,

(2) प्रत्येक समूह में अंकों की संख्या पर।

IV. विभाज्यता परीक्षण : भाजक के किसी गुणज का भाजक के आश्लेषक से आश्लेषण करने पर वही भाजक या उसका गुणज प्राप्त होता है।

157 का धनात्मक आश्लेषक $ध_2$ = 11

11 से 628 का आश्लेषण करने पर = 6 + 11 × 28
= 314
= 2 × 157

अतः 628, 157 से विभाज्य है।

1667 का ऋणात्मक आश्लेषक ऋ = –5

–5 से 1667 का आश्लेषण करने पर = 1 – 5 × 667
= 1 – 3335
= –3334
= –2 × 1667

संख्या 1667 स्वयं 1667 से विभाज्य है।

विभाज्यता परीक्षण कार्यविधि : सर्वप्रथम भाजक का सुविधाजनक धनात्मक या ऋणात्मक आश्लेषक क्रम सहित ज्ञात करते हैं। भाजक को दाहिने ओर से क्रम के समान अंकों के समूह में विभाजित करते हैं तथा आश्लेषण पहले की तरह किया जाता है।

उदाहरण : 2533815 की 137 से विभाज्यता परीक्षण करो।

हल : 137 के अंतिम अंक को 9 बनाने के लिए
137 को 7 से गुणा करने पर 959

अब उपांतिम अंक को 9 बनाने के लिए इसमें 4 जोड़ा जाय। अतः 137 का दुगुना जोड़ना पड़ेगा।

```
 137
  27
----
 959
274
----
3699
```

∴ 137 का धनात्मक आश्लेषक $ध_2$ = 37
137 के अंतिम अंक को 1 बनाने के लिए
137 को 3 से गुणा करने पर 411

अब उपांतिम अंक को 0 बनाने के लिए इसमें 9 जोड़ा जाय, अतः 137 का 7 गुना जोड़ेंगे।

$$\begin{array}{r} 137 \\ 73 \\ \hline 411 \\ 959 \\ \hline 10001 \\ \hline \end{array}$$

∴ 137 का ऋणात्मक आश्लेषक $ऋ_4 = -1$

अतः $ऋ_4$ से गणना करना सरल होगा।

$ऋ_4 = -1$ से 2533815 को आश्लेषित करने के लिए पहले दाहिनी ओर से चार-चार अंकों के समूह बनाएँगे।

253 3815

अब −1 से 3815 को गुणा करके 253 में जोड़ेंगे।

अतः $-3815 + 253 = -3562$

$= -26 \times 137$

अतः 2533815, 137 से विभाज्य है।

V. आश्लेषक द्वारा भाजन क्रिया :

आश्लेषक की सहायता से हम बाईं ओर से संख्याओं की भाजन क्रिया सम्पन्न कर भजनफल तथा शेष ज्ञात कर सकते है। शेष के शून्य बचने की स्थिति में दी गई संख्या परीक्षण भाजक से पूर्णतः विभाज्य होती है। भाजन क्रिया का आधार ध्वजांक विधि ही होगा।

भाग क्रिया क्रिया हेतु धनात्मक आश्लेषक का प्रयोग :

उदाहरण (1) : 19 से 82587 को भाग देने पर प्राप्त भजनफल और शेष बताओ।

हल : 19 का एकाधिक पूर्व = 2 अतः $ध_1 = 2$

$ध_1 = 2$	8	2	5	8	7
		0	0	0	0
भजनफल	4	3	4	6	शेष 07+6=13

स्पष्टीकरण: (i) 2 से 8 में भाग दिया। भजनफल 4 पड़ी रेखा के नीचे 8 के स्तम्भ में लिखा। शेष 0 पड़ी रेखा के ऊपर अगले अंक 2 से पूर्व लिखा।

(ii) अब भजनफल 4 को अगली भाज्य संख्या 02 में जोड़ा। प्राप्त 02+4 = 6 (शोधित भाज्य) को 2 से भाग दिया। भजनफल 3 को पड़ी रेखा

के नीचे 2 के स्तम्भ में लिखा तथा शेष 0 को पड़ी रेखा के ऊपर अगले अंक 5 से पूर्ण लिखा।

(iii) अब भजनफल 3 को अगली भाज्य संख्या 05 में जोड़ा। प्राप्त 05+3 = 8 (शोधित भाज्य) को 2 से भाग दिया। भजनफल 4 को पड़ी रेखा के नीचे 5 के स्तम्भ में लिखा तथा शेष 0 को पड़ी रेखा के ऊपर अगले अंक 8 से पूर्व लिखा।

(iv) अब भजनफल 4 को अगली भाज्य संख्या 08 में जोड़ा। प्राप्त 08+4 = 12 (शोधित भाज्य) को 2 से भाग दिया। भजनफल 6 को पड़ी रेखा के नीचे 8 के स्तम्भ में लिखा तथा शेष 0 को पड़ी रेखा के ऊपर अगले अंक 7 से पूर्व लिखा।

(v) अब भजनफल 6 को अगली भाज्य संख्या 07 में जोड़ा। प्राप्त 07+6=13 शेषफल होगा।

अत: 82587 भाजक 19 से पूर्ण विभाज्य नहीं है। भजनफल 4346 तथा अवशेष 13 है।

उदाहरण (2) : क्या 1279, भाजक 13 से पूर्णत: विभाज्य है यदि नहीं तो भजनफल तथा शेष बताओ।

हल : 13 का एकाधिक पूर्व 13 को 3 से गुणा करने पर 39 द्वारा 4 मिला।

$$\frac{1279}{13} = \frac{3837}{39}$$

39 का आश्लेषक $ध_1 = 4$

$ध_1 = 4$	3	8	3	7
			2	0
भजनफल		9	8	शेष 07+8 = 15

अत: 1279, भाजक 13 से पूर्णत: विभाज्य नहीं है।

$$\frac{3837}{39} = 98\frac{15}{39} = 98\frac{5}{13}$$

अत: अभीष्ट भजनफल 98 तथा शेष 5

उदाहरण (3) : 12389 में 17 से भाग प्रदान करो।

हल : 17 का एकाधिक पूर्व 17 को 7 से गुणा करने पर 119 द्वारा 12 मिलता है।

$$\frac{12389}{17} = \frac{86723}{119}$$

119 का आश्लेषक $ध_1$ = 12

$ध_1$ = 12	8	6	7	2	3
			2	10	8
		7	2	8	शेष 83+8=91

$$12389 \div 17 = 728\ \frac{91}{119}$$

$$= 728\ \frac{13}{17}$$

उदाहरण (4): 12389 ÷ 133 को सरल करो।

हल : 133 का एकाधिक पूर्व 133 को 3 से गुणा करने पर 399 द्वारा 40 मिला।

अत: $ध_2$ = 4

133×3	1	2	3	8	9	× 3
= 399	=3	7	1	6	7	
$ध_2$ = 4	3			$\bar{1}$		
	0	9	3	शेष $\bar{1}67+93 = 60$		

अत: $\frac{37167}{399} = 93\ \frac{60}{399}$

$$= 93\ \frac{20}{133}$$

भाग क्रिया में ऋणात्मक आश्लेषक का प्रयोग —

उदाहरण (1): 15383 को 51 से भाग दो।

हल : 51 के लिए ऋणात्मक आश्लेषक $ऋ_1 = \bar{5}$

$ऋ_1=\bar{5}$	1	5	3	8	3
			0	0	3
		$\bar{3}$	0	$\bar{1}$	शेष $33+\bar{1}=32$

$$\frac{15383}{51} = 301\frac{32}{51}$$

उदाहरण (2): 45883 को 17 से भाग दो।

हल : $$\frac{45883}{17} = \frac{137649}{51}$$

17 के लिए ऋणात्मक आश्लेषक $ऋ_1 = \bar{5}$

$ऋ_1=\bar{5}$	1	3	7	6	4	9
			3	5	5	0
		$\bar{2}$	$\bar{6}$	$\bar{9}$	$\bar{9}$	शेष $09+\bar{9} = 0$

$$\frac{137649}{51} = 2699$$

अतः $$\frac{45883}{17} = 2699$$

❑

अध्याय 13

वर्गमूल

I. वर्गमूल निकालने के मूलभूत सिद्धांत—

(1) दी हुई संख्या के दाएँ से बाएँ दो-दो अंकों के समूह बनाए जाते हैं, यदि कोई अंक बच गया तो अकेला ही लिया जाएगा।

(2) वर्गमूल में अंकों की संख्या दी हुई संख्या के जोड़ों की संख्या (अकेले अंक को एक जोड़ा मानकर) के बराबर होती है।

(3) यदि संख्या में 'स' अंक हैं तो वर्गमूल में 'स' के सम या विषम होने की स्थिति के अनुसार $\frac{\text{स}}{2}$ या $\frac{\text{स} + 1}{2}$ अंक होंगे।

(4) शुद्ध दाशमिक संख्याओं के प्रकरण में वर्ग में अंकों की संख्या वर्गमूल के अंकों की संख्या की दुगुनी होती है; यथा $(.12)^2 = .0144$

(5) पूर्ण वर्ग का अंतिम अंक 2, 3, 7, तथा 8 नहीं हो सकता।

(6) 1 से अंत होनेवाले पूर्ण वर्ग के वर्गमूल का अंतिम अंक 1 अथवा 9 होंगे।

(7) 4 से अंत होनेवाले पूर्ण वर्ग के वर्गमूल का अंतिम अंक 2 अथवा 8 होंगे।

(8) 5 से अंत होनेवाले पूर्ण वर्ग के वर्गमूल का अंतिम अंक 5 होगा।

(9) 6 से अंत होनेवाले पूर्ण वर्ग के वर्गमूल का अंतिम अंक 4 अथवा 6 होंगे।

(10) 9 से अंत होनेवाले पूर्ण वर्ग के वर्गमूल का अंतिम अंक 3 अथवा 7 होंगे।

(11) 0 से अंत होनेवाले पूर्ण वर्ग के वर्गमूल का अंतिम अंक 0 ही होगा।

II. सीधे वर्गमूल ज्ञात करने की द्वंद्वयोग विधि : वर्गमूल ज्ञात करने की वैदिक विधि भाग देने की वैदिक विधि से मिलती-जुलती है। वर्गमूल की विधि में भाजक वर्गमूल के प्रथम अंक का दुगुना होता है, यही दोनों विधियों में अंतर है।

वर्गमूल पटल में ऊपर की पंक्ति में वह संख्या लिखी जाती है जिसका वर्गमूल निकालना है तथा उसे दो-दो के जोड़ों में दाएँ से बाएँ विभाजित कर दिया जाता है। चूँकि वर्गमूल का प्रथम अंक हम मालूम कर सकते हैं, इसलिए रेखा के नीचे (प्रथम अंक के स्तंभ में) उसे लिख देते हैं। अब प्रथम अंक में से वर्गमूल के प्रथम अंक के वर्ग को घटाने से जो शेषफल प्राप्त होता है उसे अगले अंक का उपसर्ग बना देते हैं। चूँकि इस विधि में भाजक वर्गमूल के पहले अंक का दुगुना होता है, अतः वास्तविक भाजक को भी बाईं ओर लिख देते हैं। अब द्वंद्वयोग तथा ध्वजांक भाग विधि का प्रयोग कर वर्गमूल ज्ञात करते हैं।

उदाहरण (1) : वैदिक विधि से 729 का वर्गमूल ज्ञात करो।

हल :

	7	:	2	9
4		:	3	4
	2	:	7	0

(i) चूँकि 729 में तीन अंक हैं, अतः दो अंकों का एक पूर्ण जोड़ा 29 तथा दूसरा अपूर्ण जोड़ा 7 है। अतः वर्गमूल में दशमलव से पहले दो अंक होने चाहिए।

(ii) वर्गमूल का प्रथम अंक 7 का निकटतम वर्गमूल निकालने पर 2 प्राप्त होता है।

(iii) 2 को रेखा के नीचे प्रथम अंक 7 के स्तंभ में लिखेंगे।

(iv) वास्तविक भाजक 2 का दुगुना 4 होगा जिसे बाईं ओर लिखेंगे।

(v) अब प्रथम अंक 7 में से वर्गमूल के प्रथम अंक 2 के वर्ग को घटाने पर शेषफल 3 को अगले अंक 2 का उपसर्ग बनाकर

लिखेंगे।

(vi) अब हमारा दूसरा सकल भाज्य 32 हो गया; जिससे बिना कुछ घटाए 4 से भाग देकर भजनफल (8 लिखना चाहिए परंतु यहाँ परेशानी यह होगी कि शेषफल 0 को 9 के साथ उपसर्गित करने पर 09 से 8 का द्वंद्वयोग 64 नहीं घट पाएगा) 7 को रेखा के नीचे तथा शेष 4 को 9 का उपसर्ग बनाकर लिखेंगे।

(vii) अब हमारा तीसरा सकल भाज्य 49 हो गया। इसमें से दूसरे भजनफल अंक 7 का द्वंद्वयोग 49 घटाने पर वास्तविक भाज्य 0 प्राप्त हुआ। अब 0 में 4 से भाग देकर भजनफल 0 को रेखा के नीचे लिखेंगे। शेष 0 है तथा आगे अन्य अंक नहीं है।

चूँकि वर्गमूल में दो ही अंक हैं, अतः अभीष्ट वर्गमूल 27 हुआ।

उदाहरण (2) : $\sqrt{262144}$ को सरल करो।

हल :

	26 :	2	1	4	4
10	:	1 2		0	0
	5 :	1	2	0	0

(i) चूँकि 262144 में 6 अंक हैं, अतः दो-दो के तीन पूर्ण जोड़े मिलते हैं, अतः वर्गमूल में दशमलव से पहले 3 अंक होंगे।

(ii) वर्गमूल का प्रथम अंक 26 का निकटतम वर्गमूल निकालने पर 5 प्राप्त होता है।

(iii) 5 को रेखा के नीचे द्वितीय अंक 6 के स्तंभ में लिखेंगे।

(iv) वास्तविक भाजक 5 का दुगुना 10 होगा, जिसे बाईं ओर लिखेंगे।

(v) अब प्रथम जोड़े 26 में से वर्गमूल के प्रथम अंक 5 के वर्ग 25 को घटाने पर शेषफल 1 को अगले अंक 2 का उपसर्ग बनाकर लिखेंगे।

(vi) अब हमारा दूसरा सकल भाज्य 12 हो गया, जिससे बिना कुछ घटाए 10 से भाग देकर भजनफल 1 को रेखा के नीचे तथा शेष 2 को 1 का उपसर्ग बनाकर लिखेंगे।

(vii) अब हमारा तीसरा सकल भाज्य 21 हो गया। इसमें से दूसरे भजनफल अंक 1 का द्वंद्वयोग 1 घटाने पर वास्तविक भाज्य 20 प्राप्त हुआ। अब 20 में 10 से भाग देकर भजनफल 2 को रेखा के नीचे तथा शेष 0 को 4 का उपसर्ग बनाकर लिखेंगे।

(viii) अब हमारा चौथा सकल भाज्य 04 होगा; इसमें से 12 का द्वंद्वयोग 4 घटाकर वास्तविक भाज्य 0 प्राप्त हुआ। अब भजनफल 0 (चूँकि वर्गमूल में केवल तीन अंक ही होंगे, अत: अगला अंक शून्य होगा) तथा शेष 0 को यथास्थान लिखेंगे।

(ix) अब हमारा पाँचवाँ सकल भाज्य 04 होगा, इसमें से 120 का द्वंद्वयोग 4 घटाकर वास्तविक भाज्य 0 प्राप्त हुआ। अत: भजनफल एवं शेष दोनों शून्य होंगे तथा प्रक्रिया पूर्ण हुई।
हमारा अभीष्ट वर्गमूल 512 हुआ।

उदाहरण (3) : 28561 का वर्गमूल ज्ञात करो।

हल :

	2	:	8	5	6	1
2		:1	6	11	8	
	1	:	6	9	0	0

(i) चूँकि 28561 में 5 अंक हैं, अत: दो-दो के दो पूर्ण जोड़े तथा तीसरे अपूर्ण जोड़े में केवल अंक 2 है। अत: वर्गमूल में दशमलव से पहले 3 अंक होने चाहिए।

(ii) वर्गमूल का प्रथम अंक 2 का निकटतम वर्गमूल निकालने पर 1 प्राप्त होगा।

(iii) 1 को रेखा के नीचे प्रथम अंक 2 स्तंभ में लिखेंगे।

(iv) वास्तविक भाजक 1 का दुगुना 2 होगा जिसे बाईं ओर लिखेंगे।

(v) अब प्रथम अंक 2 में से वर्गमूल के प्रथम अंक 1 के वर्ग को घटाने पर शेषफल 1 को अगले अंक 8 का उपसर्ग बनाकर लिखेंगे।

(vi) अब हमारा दूसरा सकल भाज्य 18 हो गया; जिससे बिना कुछ घटाए 2 से भाग देकर भजनफल (9 लिखना चाहिए परंतु यहाँ परेशानी यह होगी कि शेषफल 0 को 5 के साथ उपसर्गित करने पर 05 से 9 का द्वंद्वयोग 81 नहीं घट पाएगा) 6 को रेखा के नीचे तथा शेष 6 को 5 का उपसर्ग बनाकर लिखेंगे।

(vii) अब हमारा तीसरा सकल भाज्य 65 हो गया। इसमें से दूसरे भजनफल अंक 6 का द्वंद्वयोग 36 घटाने पर वास्तविक भाज्य 29 प्राप्त हुआ। अब 29 में 2 से भाग देकर भजनफल 9 को रेखा के नीचे (अंक 9 से बड़ा नहीं होगा) तथा शेष 11 को 6 का उपसर्ग बनाकर लिखेंगे।

(viii) अब हमारा चौथा सकल भाज्य 116 होगा। इसमें से (69 का) द्वंद्वयोग 108 घटाकर वास्तविक भाज्य 8 प्राप्त हुआ। अब भजनफल 0 (चूँकि वर्गमूल में केवल तीन अंक ही होंगे, अतः अगला अंक शून्य होगा) तथा शेष 8 को यथास्थान लिखेंगे।

(ix) अब हमारा पाँचवाँ, सकल भाज्य 81 होगा। इसमें से (690 का) द्वंद्वयोग 81 घटाकर वास्तविक भाज्य 0 प्राप्त हुआ। अतः भजनफल एवं शेष दोनों शून्य होंगे तथा प्रक्रिया पूर्ण हुई।
हमारा अभीष्ट वर्गमूल 169 हुआ।

III. दोष एवं निवारण : छोटे भाजक में यह परेशानी आती है कि कभी-कभी भजनफल वास्तविक से छोटा लेना पड़ता है। इस समस्या को दूर करने हेतु अंतिम समूह में तीन अंकों को रखेंगे, एक अंक नहीं। उपर्युक्त प्रश्न के प्रकरण में हल इस प्रकार होगा :

	2	8	5	:	6	1
32				:	29	8
		1	6	:	9	0

अभीष्ट वर्गमूल 169

IV. वर्गमूल की परिशुद्धता एवं वर्ग की पूर्णता का प्रमाण :

(1) वर्गमूल की शुद्धता का सबसे सुंदर प्रमाण यह है कि वर्गमूल का वर्ग करने पर दी हुई संख्या पुनः प्राप्त होनी चाहिए।

(2) जब हम वर्गमूल की प्रक्रिया को दशमलव के क्षेत्र में संपन्न करते हैं, तो सभी भजनफल अंक तथा शेषफल अंक शून्य आते हैं, यह स्वयं में वर्ग की पूर्णता का एक अच्छा एवं मान्य प्रमाण है।

V. वर्ग की अपूर्णता का प्रमाण : निम्नलिखित विशिष्ट दशाओं में दी हुई संख्या पूर्ण वर्ग नहीं होगी :

(i) यदि संख्या के अंत में 2, 3, 7 या 8 में से कोई एक अंक आया हो।

(ii) यदि उसके अंत में विषम बार शून्य आया हो।

(iii) उसके अंतिम अंक के 6 होने की स्थिति में उपांतिम अंक एक सम पूर्णांक हो।

(iv) उसके अंतिम अंक के 6 न होने की स्थिति में उपांतिम अंक एक विषम पूर्णांक हो।

(v) संख्या सम होने की स्थिति में अंतिम दो अंकों से बनी संख्या 4 से अविभाज्य हो।

VI. अपूर्ण वर्ग संख्याओं का वर्गमूल ज्ञात करना : अपूर्ण वर्ग संख्याओं का अनवरत दशमलव अंकोंवाली संख्याओं के रूप में वर्गमूल ज्ञात करने हेतु संख्या के आगे शून्य बढ़ाए जाते हैं तथा दशमलव क्षेत्र में भी द्वंद्वयोग तथा ध्वजांक भाग विधि अनवरत प्रयोग किया जाता है।

यथा : 2 के वर्गमूल ज्ञात करने के लिए हमारा कार्यपटल इस प्रकार होगा :

2	2 :	0	0	0	0	0
	:1	2	2	4	3	
	1 :	4	1	4	2	

वर्गमूल में दशमलव से पूर्व एक अंक आएगा। अतः अभीष्ट वर्गमूल 1.4142 ....

VII. दाशमिक संख्याओं का वर्गमूल : दाशमिक संख्याओं का वर्गमूल ज्ञात करने हेतु दशमलव से पूर्व की संख्याओं के ही जोड़े बनाए जाते हैं। आवश्यकतानुसार दशमलव अंकों को आगे 0 बढ़ाकर लिखते हैं तथा द्वंद्वयोग ध्वजांक विधि का प्रयोग किया जाता है। यथा : 285.61 का वर्गमूल ज्ञात करने के लिए

2	2 :	8	5	6	1
	:1	6	11	8	
	1 :	6	9	0	0

यहाँ वर्गमूल में दशमलव से पूर्व दो अंक आने चाहिए। अतः अभीष्ट वर्गमूल 16.9 है।

अपूर्ण वर्ग 285.6 का वर्गमूल ज्ञात करने के लिए हमारा पटल इस प्रकार होगा :

2	2 :	8	5	6	0	0	0	0
	:1	6	13	22	30	34	13	
	1 :	6	8	9	9	7	9	

वर्गमूल में दशमलव से पूर्व दो अंक हैं

अतः $\sqrt{285.6} = 16.89979$............

❑

अध्याय 14

घनमूल

I. घनमूल निकालने से संबंधित कुछ महत्त्वपूर्ण बातें—

(1) पहली नौ प्राकृतिक संख्याओं के घनफल क्रमशः इस प्रकार हैं— 1, 8, 27, 64, 125, 216, 343, 512 तथा 729। इस तरह उन सबके अंतिम अंक अलग-अलग होते हैं। अतः पूर्ण घन के घनमूल का अंतिम अंक स्पष्ट है।

घन संख्या का अंतिम अंक	घनमूल का अंतिम अंक
1	1
2	8
3	7
4	4
5	5
6	6
7	3
8	2
9	9

अतः कह सकते हैं कि—

घन संख्याएँ जिनके अंतिम अंक 0, 1, 4, 5, 6 तथा 9 हैं, के घनमूलों के अंतिम अंक स्वयं को दुहराते हैं। घन संख्याएँ जिनके अंतिम अंक 2, 3, 7 तथा 8 हैं, के घनमूलों के अंतिम अंक दस के पूरक देते हैं।

(2) घनमूल में अंकों की संख्या मूल संख्या में तीन अंकों के कुल समूहों की संख्या के बराबर होती है। (अंतिम समूह अपूर्ण हो सकता है)।

(3) मूल संख्या के प्रथम अंक समूह से ही घनफल का पहला अंक स्पष्ट हो जाता है।

(4) अतः घनमूल के अंकों की संख्या, प्रथम तथा अंतिम अंकों के ज्ञात हो जाने पर हम घनमूल निकालने का कार्य सुगमता से आरंभ करते हैं।

II. सैद्धांतिक आधार :

माना कि हमें तीन अंकीय संख्या का घनफल निकालना है, तब हमें $(100\text{ज} + 10\text{छ} + \text{च})^3$ का विस्तार करना होगा।

$(100\text{ज} + 10\ \text{छ} + \text{च})^3 = 1000000\ \text{ज}^3 + 300000\ \text{छ ज}^2 + 30000\ (\text{च ज}^2 + \text{छ}^2\text{ज}) + 1000\ (\text{छ}^3 + 6\text{च छ ज}) + 300\ (\text{च}^2\text{छ} + \text{च छ}^2) + 30\ \text{च}^2\text{छ} + \text{च}^3$

विस्तार से स्पष्ट है—

(i) इकाई का स्थान च^3 ग्रहण करता है।

(ii) दहाई का स्थान $3\text{च}^2\text{छ}$ ग्रहण करता है।

(iii) सैकड़े का स्थान $3(\text{च}^2\text{छ} + \text{च छ}^2)$ ग्रहण करता है।

(iv) हजार का स्थान $\text{छ}^3 + 6\text{च छ ज}$ ग्रहण करता है।

(v) दस हजार का स्थान $3(\text{च ज}^2 + \text{छ}^2\text{ज})$ ग्रहण करता है।

(vi) लाख का स्थान 3छ ज^2 ग्रहण करता है।

(vii) दस लाख का स्थान ज^3 ग्रहण करता है।

घन के बीजगणितीय विस्तार के विश्लेषण एवं उसके विभिन्न विभागों को यथास्थान निश्चित करने के उपरांत हमें प्रत्येक व्यंजक के क्रमशः एक के बाद एक विलोपन द्वारा उसके मान निकालने की विधि ज्ञात हो जाती है। यथा :

(i) दी हुई संख्या में से च^3 घटाने से इकाई के अंक का लोपन हो जाता है।

(ii) इकाई अंक विलोपित संख्या में से $3\text{च}^2\text{छ}$ घटाने से दहाई के अंक का लोपन हो जाता है।

(iii) दहाई के अंक विलोपित संख्या से $3\text{च छ}^2 + 3\text{च}^2\text{ज}$ घटाने से सैकड़े की संख्या का विलोपन हो जाता है।

(iv) सैकड़े के अंक विलोपित संख्या से $\text{छ}^3 + 6\text{च छ ज}$ घटाने से हजार की संख्या का विलोपन हो जाता है।

इत्यादि।

उदाहरण (1) : 1061208 का घनमूल निकालो।

हल : सर्वप्रथम दाहिनी ओर से तीन-तीन अंकों के समूह बनाने पर अंतिम समूह में 1 रह जाता है, जिसका निकटतम घनमूल 1 है।

अत: घनमूल का पहला अंक = 1
घनमूल का अंतिम अंक = 2
तथा घनमूल में अंकों की संख्या = 3

(i) च = 2,. अत: $च^3 = 8$ तथा इकाई के अंक से 8 हटाने पर इकाई के अंक का विलोपन होगा 106120.

(ii) $3च^2छ = 3छ$
चूँकि दहाई का अंक 0 है, अत: छ = 0 दहाई के अंक के विलोपन के बाद संख्या 10612।

(iii) $3च^2ज + 3च\ छ^2 = 12$ ज
चूँकि सैकड़े का अंक 2 है। अत: ज = 1।
अत: घनमूल 102
वास्तव में प्रथम अंक के ज्ञात होने के कारण अंतिम पैड़ी की आवश्यकता नहीं है।

```
1 0 6 1 2 0 8
           -8   इकाई के अंक के विलोपन के लिए
_____________
1 0 6 1 2 0
         -0     दहाई के अंक के विलोपन के लिए
_____________
1 0 6 1 2
     -1 2       सैकड़े के अंक के विलोपन के लिए
_____________
1 0 6 0
```

उदाहरण (2) : 31315447808 का घनमूल ज्ञात करो।

हल : यहाँ सर्वप्रथम दाहिनी ओर से तीन अंकों के समूह बनाने पर अंतिम समूह में 31 रह जाते हैं, जिनसे बनी संख्या का निकटतम घनमूल 3।

अत: घनमूल का पहला अंक = 3
घनमूल का अंतिम अंक = 2
घनमूल में अंकों की संख्या 4

(i) च = 2 इसलिए $च^3 = 8$

इकाई के अंक से 8 हटाने पर इकाई के अंक का विलोपन होगा।

(ii) $3च^2छ = 12$ छ

चूँकि दहाई का अंक 5 या 0 है।

अत: यहाँ अनिश्चितता है तथा किसी अन्य उत्तम विधि की आवश्यकता अनुभव होती है। इस हेतु हम घनफल को लगातार 8 से तब तक भाग देंगे जब तक कि विषम संख्या प्राप्त न हो जाए, फिर उनका घनमूल निकालकर उपयुक्त गुणक से गुणा करके अभीष्ट घनमूल प्राप्त कर लेंगे। उपर्युक्त उदाहरण में—

8	31	315	447	808
8	3	914	430	976
8		489	303	872
8		61	162	984
		7	645	373

$$31315447808 = 8^4 \times 7645373$$
$$(31315447808)^{1/3} = 2^4 \times (7645373)^{1/3}$$

7645373 का घनमूल ज्ञात करने हेतु सर्वप्रथम हम दाहिनी ओर से तीन-तीन अंकों के जोड़े बनाएँगे। अंतिम समूह में मात्र 7 रह जाता है, जिसका निकटतम घनमूल 1 निकलता है।

अत: घनमूल का पहला अंक = 1

घनमूल का अंतिम अंक = 7

घनमूल में अंकों की संख्या = 3

(i) च = 7 इसलिए $च^3 = 343$

इकाई के अंक से 343 घटाने पर इकाई के अंक का विलोपन हो जाएगा।

(ii) $3च^2छ = 147$छ

चूँकि इकाई का अंक हटाने पर यहाँ दहाई का अंक 3 है, अत: घनमूल के दहाई का अंक छ = 9। अवशेष संख्या से 1323 घटाने पर दहाई के अंक का विलोपन होगा।

(iii) $3च^2ज + 3च\ छ^2 = 147$ ज + 1701

दहाई का अंक हटाने पर अवशेष संख्या का सैकड़े का अंक 8 है। अत: ज = 1 तथा 764503 का घनमूल 197

परिणामतः 31315447808 का घनमूल 16 × 197 = 3152

$$\begin{array}{r} 7645373 \\ -343 \\ \hline 764503* \\ -1323 \\ \hline 76318** \end{array}$$

उन संख्याओं के घनमूल जिनमें चार अंक हैं, को ज्ञात करने हेतु माना इकाई से प्रारंभ कर ये अंक क्रमशः च, छ, ज तथा झ हैं। व्यंजक (1000झ + 100ज + 10छ + च)^3 का विस्तार करने पर—

(i) इकाई का स्थान च^3 ग्रहण करता है।

(ii) दहाई का स्थान 3च^{2}छ ग्रहण करता है।

(iii) सैकड़े का स्थान 3च छ^2 + 3च^{2}ज ग्रहण करता है।

(iv) हजार का स्थान 6च छ ज + छ^3 + 3च^{2}झ ग्रहण करता है।

(v) दस हजार का स्थान 6च छ झ + 3च ज^2 + 3छ^{2}ज ग्रहण करता है।

(vi) लाख का स्थान 6च ज झ + 3छ ज^2 + 3छ^{2}झ ग्रहण करता है।

(vii) दस लाख का स्थान 6छ ज झ + 3च झ^2 + ज^3 ग्रहण करता है।

(viii) करोड़ का स्थान 3छ झ^2 + 3ज^{2}झ ग्रहण करता है।

(ix) दस करोड़ का स्थान 3ज झ^2 ग्रहण करता है।

(x) अरब का स्थान झ^3 ग्रहण करता है।

विलोपन हेतु सहायक बातें :

(i) दी हुई संख्या में से च^3 घटाने से इकाई के अंक का विलोपन हो जाता है।

(ii) इकाई का अंक विलोपित संख्या से 3च^{2}छ घटाने से दहाई के अंक का विलोपन हो जाता है।

(iii) दहाई का अंक विलोपित संख्या से 3च छ^2 + 3च^{2}ज घटाने से सैकड़े के अंक का विलोपन हो जाता है।

(iv) सैकड़े के अंक विलोपित संख्या से 6च छ ज + छ^3 + 3च^{2}झ घटाने से हजार के अंक का विलोपन हो जाता है। इत्यादि।

उदाहरण : 11 345 123 223 का घनमूल निकालिए।

हल : दाहिनी ओर से तीन-तीन अंकों के समूह बनाने पर चौथे समूह

में 11 आता है।

तथा 11 का निकटतम घनमूल 2 है।

अत: घनमूल का पहला अंक 2

घनमूल का अंतिम अंक 7, अत: च = 7

घनमूल में अंकों की संख्या 4

(i) दी हुई संख्या से $च^3 = 343$ घटाने से इकाई का अंक विलोपित हो जाता है।

(ii) इकाई का अंक विलोपित संख्या से $3च^2छ = 147छ$ घटाने से दहाई का अंक 8 विलोपित होता है। अत: छ = 4 तथा $3च^2छ = 588$

```
11345123223
       -343
-----------
1134512288*
      -588
-----------
113451170**
      -630
-----------
11345054***
```

(iii) दहाई का अंक विलोपित संख्या से $3च छ^2 + 3च^2ज = 336 + 147ज$ घटाने से सैकड़े का अंक 0 विलोपित हो जाता है। अत: ज = 2 तथा $3च छ^2 + 3च^2ज = 630$।

(iv) सैकड़े का अंक विलोपित संख्या से $6च छ ज + छ^3 + 3च^2झ = 6 \times 7 \times 4 \times 2 + 4^3 + 3 \times 7^2 झ = 400 + 147 झ$ घटाने से हजार का अंक 4 विलोपित हो जाता है। अत: झ = 2। अंतिम पैड़ी की वास्तव में उपयोगिता नहीं है, क्योंकि प्रथम अंक पूर्व ज्ञात कर लिया गया है।

अभीष्ट घनमूल = 2247

III. सामान्य घनमूल—चूँकि सभी संख्याएँ पूर्ण घन नहीं हो सकतीं इसलिए यह युक्तिसंगत ही है कि सामान्य संख्याओं के लिए घनमूल ज्ञात करने की विधि हो। सामान्य संख्याओं के घनमूल ज्ञात करने की विधि पूर्व बताए गए सिद्धांतों पर ही आधारित है। दी गई संख्या का घनमूल तीन अंकों का है तथा

दी गई घनमूल संख्या के प्रथम, द्वितीय तथा तृतीय अंक क्रमशः च, छ तथा ज हैं तब (100 च + 10छ + ज)^3 = 1000000च^3 + 300000 च^{2}छ + 30000 (च^{2}ज + च छ^2) + 1000 (छ^3 + 6च छ ज) + 300 (छ ज^2 + छ^{2}ज) + 30 ज^{2}छ + ज^3

घनमूल निकालने की प्रक्रिया सीधे भाजन तथा विशेषकर वर्गमूल निकालने की प्रक्रिया के समान ही है। यहाँ पर हमारा भाजक बजाय प्रथम अंक के दुगुना होने के उसके वर्ग का तिगुना होगा। चूँकि प्रथम अंक तो मालूम हो जाता है, अतः कार्यपटल उसी तरह बन जाता है।

(i) पहले भाज्य, भजनफल तथा अवशेष अवलोकन मात्र से मिल जाते हैं।
(ii) दूसरे भाज्य से कुछ नहीं घटाना है।
(iii) तीसरे भाज्य से 3च छ^2 घटाना है।
(iv) चौथे भाज्य से 6च छ ज + छ^3 घटाना है।
(v) पाँचवें में से 3च ज^2 + 3छ^{2}ज घटाना है।
(vi) छठवें भाज्य में से 3छ ज^2 घटाना है।
(vii) सातवें भाज्य में से ज^3 घटाना है। आदि।

प्राप्त भजनफल अंकों से घनमूल संख्या बनेगी।

यदि घनमूल चार अंकों का है तथा ये अंक क्रमशः च, छ, ज तथा झ हैं, अतः

(1000च + 100छ + 10ज + झ)^3 के विस्तार में—

(i) पहले अंक का स्थान च^3 ग्रहण करता है।
(ii) दूसरे अंक का स्थान 3च^{2}छ ग्रहण करता है।
(iii) तीसरे अंक का स्थान 3च छ^2 + 3च^{2}ज ग्रहण करता है।
(iv) चौथे अंक का स्थान 6च छ ज + छ^3 + 3च^{2}झ ग्रहण करता है।
(v) पाँचवें अंक का स्थान 6च छ झ + 3च ज^2 + 3छ^{2}ज ग्रहण करता है।
(vi) छठवें अंक का स्थान 6च ज झ + 3छ ज^2 + 3छ^{2}झ ग्रहण करता है।
(vii) सातवें अंक का स्थान 6छ ज झ + 3च झ^2 + ज^3 ग्रहण करता है।
(viii) आठवें अंक का स्थान 3छ झ^2 + 3ज^{2}झ ग्रहण करता है।
(ix) नवें अंक का स्थान 3ज झ^2 ग्रहण करता है।

(x) दसवें अंक का स्थान झ^3 ग्रहण करता है।

लोपन :

(i) पहला भजनफल तथा अवशेष अवलोकन मात्र द्वारा।
(ii) दूसरे भाज्य से कुछ नहीं घटाना है।
(iii) तीसरे भाज्य से 3च छ^2 घटाना है।
(iv) चौथे भाज्य से 6च छ ज + छ^3 घटाना है।
(v) पाँचवें भाज्य से 6च छ झ + 3च ज^2 + 3छ^{2}ज घटाना है।
(vi) छठवें भाज्य से 6च ज झ + 3छ ज^2 + 3छ^{2}झ घटाना है।
(vii) सातवें भाज्य से 6छ ज झ + 3च झ^2 + ज^3 घटाना है।
(viii) आठवें भाज्य से 3छ झ^2 + 3ज^{2}झ घटाना है।
(ix) नवें भाज्य से 3ज झ^2 घटाना है।
(x) दसवें भाज्य से झ^3 घटाना है।

कार्यविधि एवं क्रियापटल :

उदाहरण (1) : 758550528 का घनमूल ज्ञात करो।

हल :

(i) अवलोकन से पहला भजनफल 9 तथा अवशेष 29
(ii) दूसरा सकल भाज्य 295 इसमें कुछ नहीं घटाना, भाजक 3च^2 = 243 से भाग देने पर भजनफल 1 तथा अवशेष 52

	758	5	5	0	5	2	8
243		29	52	12	11	1	0
	9	1	2	0	0	0	0

(iii) तीसरा सकल भाज्य 525; इसमें से 3च छ^2 अर्थात् 27 घटाने पर शेष 498 में भाजक 243 से भाग देने पर भजनफल 2 तथा अवशेष 12
(iv) चौथा सकल भाज्य 120; इसमें से 6च छ ज + छ^3 अर्थात 109 घटाने पर शेष 11 में भाजक 243 से भाग देने पर भजनफल 0 तथा शेषफल 11
(v) पाँचवाँ सकल भाज्य 115; इसमें से 3च ज^2 + 3छ^{2}ज अर्थात् 114 घटाने पर शेष 1 में भाजक 243 से भाग देने पर भजनफल 0 तथा शेषफल 1
(vi) छठवें सकल भाज्य 12 में से 3छ ज^2 अर्थात् 12 घटाने पर शेष 0 में भाजक 243 से भाग देने पर भजनफल 0 तथा शेषफल 0

(vii) सातवें सकल भाज्य 08 में से $ज^3$ अर्थात् 8 घटाने पर शेष 0 में भाजक 243 से भाग देने पर भजनफल 0 तथा शेषफल 0
अतः 758550528 का घनमूल 912

उदाहरण (2) : 1860867 का घनमूल ज्ञात करो।

हल :

(i) अवलोकन से पहला भजनफल 1 तथा अवशेष 0

(ii) दूसरा सकल भाज्य 08 में से कुछ नहीं घटाना, भाजक $3च^2 = 3$ से भाग देने पर भजनफल 2 तथा अवशेष 2

3	1	8	6	0	8	6	7
		0	2	5	6	5	0
	1	2	3	0	0	0	0
	च	छ	ज				

(iii) तीसरा सकल भाज्य 26; इसमें से $3च\ छ^2$ अर्थात् 12 घटाने पर शेष 14 में भाजक 3 से भाग देने पर भजनफल 3 तथा अवशेष 5 (वास्तव में भजनफल 4 तथा अवशेष 2 होगा; परंतु आगे हमें संख्या घटानी भी है, अतः भजनफल 3 लिया)।

(iv) चौथा सकल भाज्य 50 होगा। इसमें से $6च\ छ\ ज + छ^3$ अर्थात् 44 घटाने पर शेष 6 में भाजक 3 से भाग देने पर भजनफल 0 तथा शेषफल 6 (वास्तव में भजनफल 2 तथा शेष शून्य होगा; परंतु हमें आगे संख्या घटानी भी है। अतः भजनफल 0 लिया)।

(v) पाँचवाँ सकल भाज्य 68 में से $3च\ ज^2 + 3छ^2ज$ अर्थात् 63 घटाने पर शेष 5 में भाजक 3 से भाग देने पर भजनफल 0 तथा शेषफल 5 (वास्तव में भजनफल 1 तथा अवशेष 2 है; परंतु हमें आगे भी घटाना है, अतः भजनफल 0 लेंगे)।

(vi) छठवाँ सकल भाज्य 56 में से $3छ\ ज^2$ अर्थात् 54 घटाने पर शेष 2 में भाजक 3 से भाग देने पर भजनफल 0 तथा शेषफल 2

(vii) सातवें सकल भाज्य 27 में से $ज^3$ अर्थात् 27 घटाने पर शेष 0 में भाजक 3 से भाग देने पर भजनफल 0 तथा शेषफल 0
अतः 1860867 का घनमूल 123

दोष : जब भाजक अति छोटा हो तो भजनफल की अनिश्चितता उत्पन्न हो जाती है; जैसा कि उदाहरण (2) में हमने देखा।

दोष निवारण : यदि भाजक बहुत छोटा है तब इन कठिनाइयों को पार करने के लिए दो युक्तियाँ हैं—

(1) पहले दो समूहों (तीन अंकों के) को पहली संख्या मानकर (जिसमें कि 4 या 5 या 6 अंक हैं) घनमूल निकालेंगे। उपर्युक्त उदाहरण के लिए कार्यपटल इस प्रकार होगा :

432	1860	8	6	7	
		132	3	2	2 0
	12	3	0	0	
	च	छ			

(i) प्रथम भजनफल 12, अवशेष 132 तथा भाजक $3 \times 12^2 = 432$।

(ii) दूसरा सकल भाज्य 1328; इसमें से घटाने की आवश्यकता नहीं तथा 432 का भाग देने पर भजनफल 3 तथा अवशेष 32

(iii) तीसरा सकल भाज्य 326; इसमें से 3च छ^2 अर्थात् 324 घटाकर शेष 2 में 432 का भाग देने पर भजनफल 0 तथा अवशेष 2

(iv) चौथा सकल भाज्य 27; इसमें से छ^3 अर्थात् 27 घटाने पर शेष 0 में 432 से भाग देने पर भजनफल 0 तथा शेषफल 0
अत: 1860867 का घनमूल 123

(2) दूसरी युक्ति में दिए व्यंजक को 2^3, 3^3, 4^3 या 5^3 आदि से गुणा कर भाजक को यथोचित बढ़ाकर घनमूल निकालने हैं तथा उसे 2, 3, 4, 5 आदि का भाग देकर उत्तर मालूम करते हैं।

उदाहरणार्थ : 2 का घनमूल निकालने के लिए $2 \times 5^3 = 250$ का घनमूल ज्ञात करके उसे 5 से विभाजित करेंगे।

108	2 5 0.	0	0	0
	34	124	196	332
	6	2	9	9
	च	छ	ज	

पैड़ी (i) भजनफल 6, अवशेष 34, भाजक 108

पैड़ी (ii) भाज्य 340, भजनफल 2 तथा अवशेष 124

पैड़ी (iii) सकल भाज्य 1240 में से 3च $छ^2$ अर्थात् 72 घटाने से वास्तविक भाज्य 1168 में 108 का भाग देने पर भजनफल 9 तथा अवशेष 196

पैड़ी (iv) सकल भाज्य 1960 में से 6 च छ ज + $छ^3$ घटाने से शेष 1304 वास्तविक भाज्य मिलता है, जिसमें 108 का भाग देने पर भजनफल 9 तथा अवशेष 332

अतः घनमूल 6.299........

अभीष्ट घनमूल प्राप्त करने हेतु 5 से भाग देने पर 1.259...... प्राप्त हुआ।

❑❑❑